Markus Dan

Die größten Gefahren für Ihr Vermögen

... und wie Sie sich heute noch davor schützen können!

4. vollständig überarbeitete Auflage

Die größten Gefahren für Ihr Vermögen
Markus Dan

Erste Auflage 2021
Zwiete Auflage 2022
Dritte Auflage 2023
Vierte vollständig überarbeitete Auflage 2025

Verlag Markus Dan

Cataloguing in Publication Data:

Markus Dan
Die größten Gefahren für Ihr Vermögen

i. Markus Dan	*ii. Gefahren für Vermögen*
1. Privatanleger	*4. Soziale Gerechtigkeit*
2. Happiness Economics	*5. Glücksökonomie*
3. Sachwert-Investitionen	*6. Geldspeicher*

Typeset in: Palatino

Haftungsausschluss

Bitte bedenken Sie, dass der Autor weder ein Anwalt noch ein Steuerberater ist. Er ist auch nicht befugt, Ihnen rechtliche oder steuertechnische Ratschläge zu erteilen. Wenden Sie sich in rechtlichen oder steuerlichen Fällen an einen Fachmann. Jegliche Darstellungen und Äußerungen dienen rein der Unterhaltung und stellen keine Kaufempfehlungen dar.

„Was wir wissen, ist ein Tropfen,
was wir nicht wissen, ein Ozean."

Sir Isaac Newton

Englischer Astronom, Mathematiker und Physiker

(1643 – 1727)

Exklusives Bonusmaterial für Leser – JETZT kostenlos sichern

Vielen Dank, dass Sie dieses Buch lesen!

Als kleines Dankeschön erhalten Sie exklusive Zusatzinhalte:

- ✓ **Risiko-Schnell-Check (Wert 39,90 €)** .... GRATIS
- ✓ **Checkliste „Die 5 Geldspeicher“ (Wert 29,90 €)** .... GRATIS
- ✓ **Bonuskapitel „Damoklesschwert Aktien“** .... GRATIS
- ✓ **Kapitel 1 bis 10 als Hörbuch** .... GRATIS
- ✓ **Zugang zu Ressourcen und Updates** .... GRATIS
- ✓ **Zugang zu weiteren Hintergrundinfos** .... GRATIS
- ✓ **Zugang zu geheimer Telegram-Gruppe** .... GRATIS

Jetzt kostenfrei und exklusiv sichern unter:

https://www.markusdan.com/gefahren-ressourcen

Dieses Bonusmaterial ist exklusiv für Buchleser und nicht online auffindbar. Sichern Sie sich gleich jetzt Ihren Zugang zu diesem Wissenspool, noch bevor Sie mit dem Lesen des Buches beginnen.

https://www.markusdan.com/gefahren-ressourcen

Inhaltsverzeichnis

Vorwort von Alexander Streeb

Marie (Name geändert), 67 Jahre, erhielt einen Anruf. Neue Anlagemöglichkeiten wurden ihr versprochen, gigantische Gewinne, eine sichere finanzielle Zukunft. Marie ist nicht naiv. Trotzdem hat sie sich irgendwie zu einem kleinen Investment von 200 Euro überreden lassen. Aus den 200 Euro wurden binnen weniger Tage 2.000 Euro Profit.

„Wenn Sie aus 200 Euro 2.000 machen können, was glauben Sie, was da noch möglich ist!", meinte der Mann am Telefon. Und da hat die Gier überhandgenommen. Marie zahlte noch mehr ein. Und noch mehr.

Die ganze Geschichte endete damit, dass Marie über 120.000 Euro verloren hat. Nicht nur Ihre gesamten Ersparnisse waren weg, sie hat sich sogar Geld geliehen.[1] Auch das war weg.

dn.se

Von dieser relativ einfachen Art von Gefahr für Ihr Vermögen werden Sie nicht viel in diesem Buch lesen. Es geht dem Autor um ganz andere Arten von Gefahren: es geht um Abzocke, die nicht so offensichtlich, der Betrug nicht so einfach zu durchschauen, das Scheitern Ihrer Investition nicht so einfach vorhersehbar ist.

Mein Name ist Alexander Streeb. Ich bin mehr als 35 Jahre lang in der Finanzbranche tätig gewesen. Ich habe eine der erfolgreichsten deutschen Vermögensverwaltungen mit einem verwalteten Vermögen von damals 300 Millionen Euro augebaut. Und ich traue mich deshalb zu sagen, dass ich in dieser Zeit ein umfassendes Wissen in der Finanzbranche aufbauen konnte. Auch habe ich mir in dieser Zeit durch mein Wissen eigene Vermögenswerte geschaffen.

2018 lernte ich den Autor dieses Buches – Markus Dan – kennen. Es war bei einem Geschäftstreffen in Kuala Lumpur, Malaysia. Dabei sind wir auf folgende, interessante Erkenntnis gestoßen: Wenn man jahrelang gutes Geld verdient hat, kommt irgendwann der Wendepunkt, an dem es weniger darum geht, noch mehr Geld

[1] https://www.dn.se/nyheter/sverige/fraudfactory

zu verdienen. Vielmehr kommt der Moment, an dem es darum geht, **vom bestehenden Vermögen nichts mehr zu verlieren**!

Markus Dan hatte sich bereits zehn Jahre lang intensiv mit genau diesem Thema beschäftigt: Was sind die Gefahren für ein aufgebautes Vermögen und wie schafft man es, sich dagegen zu schützen?

Als er mir dieses Buch vor wenigen Monaten noch in der Rohversion gab und mich bat, ein Vorwort dafür zu schreiben, war ich sehr neugierig. Ich habe Markus in der Zwischenzeit bereits als weitsichtigen Geschäftsmann kennengelernt und erkannt, dass wir in finanziellen Angelegenheiten viele gemeinsame Ansichten und Erkenntnisse teilen. Aber es war auch einiges Neues dabei, das selbst ich nach über 30 Jahren in der Finanzindustrie nicht kannte.

Dies ist kein Buch, das zeigt, wie Sie mehr Geld machen. Es ist ein Buch, das Ihnen zeigt, wie Sie die vorhandenen Vermögenswerte schützen und sichern können (solange Sie keine Dummheiten wie Marie machen).

Ich habe mich einen Großteil meines Lebens professionell mit dem Thema Geld beschäftigt. Dabei habe ich eine einfache, aber wichtige Frage beantworten können:

Wie verliert man Geld? Es gibt nur drei Gründe: Durch Unwissenheit, Gutgläubigkeit oder Gier. Das sind die einzigen drei Gründe. Unwissenheit. Gutgläubigkeit. Gier. Man könnte auch sagen Dummheit, Naivität und grenzenlose Gier … aber das klingt nicht so freundlich ;-)

Der einzige Punkt, den er in diesem Buch nicht behandelt, ist die Gier. Die in meinem Vorwort erwähnte Maria hat ihre Lebensersparnisse nicht aus Dummheit oder Naivität verloren. Es war Gier. Marie war weder unwissend noch naiv. Sie wusste, dass derartige Geschäfte gefährlich – um nicht zu sagen – unrealistisch sind. Trotzdem hat sie es gemacht. Und dann war das Geld weg. Verzeihung. Mein Fehler. **Geld verschwindet nicht. Es wechselt lediglich den Besitzer.** Auch solch eine kleine Lebensweisheit, die ich mit Markus teile.

Wenn Gier der erste und hauptsächliche Grund für diese Art von Besitzerwechsel ist, wie sieht es dann mit den anderen Gründen aus?

Gutgläubigkeit

Gutgläubigkeit (auch Naivität) ist der zweite Grund. Im Allgemeinen werden Menschen als naiv bezeichnet, die Umstände und Handlungen nicht „angemessen bewerten" können. Naiv ist gleichzusetzen mit leichtgläubig, arglos, leicht verführbar oder unwissend.

Gier und Naivität

Während Gier dafür sorgt, dass man sein Geld schnell verliert, sorgt Naivität dafür, dass man es langsam verliert. Diese Naivität betrifft in erster Linie das Vertrauen in den Staat. Man gibt dem Staat sein Leben lang Geld und hofft, dass er damit gut umgeht. Aber bitte bedenken Sie in diesem Zusammenhang folgende Fakten:

Alle Staaten dieser Welt – bis auf fünf Ausnahmen[2] – sind verschuldet. Kein Staat dieser Welt hat seine Schulden jemals in Gänze zurückgezahlt.

Der Staat administriert lediglich Geld (die Steuern seiner Bürger) und ist darin unglaublich schlecht! Er schafft keine Einnahmen im Sinne eines Mehrwerts, wie es Unternehmer tun. Mehrwert und damit Wohlstand werden nur von Unternehmern geschaffen und von den Menschen, die in diesen Unternehmen arbeiten.

Es ist daher sehr naiv zu glauben, dass der Staat gut mit dem Geld seiner Bürger umgehen kann. Das tut er nämlich nicht. Es werden Schulden gemacht, frei nach dem Motto: „Nach uns die Sintflut – bezahlen werden die, die nach uns kommen." Wenn Unternehmer so handeln würden, würden sie im Gefängnis landen.

Unwissenheit

Der letzte große Punkt, mit dem man Geld verliert, ist Unwissenheit. Bedenken Sie: „Unwissenheit schützt vor Strafe nicht." Wenn

[2] Diese fünf schuldenfreien Länder sind: British Virgin Islands (Steuerparadies in der Karibik), Brunei (schuldenfrei dank Öl- und Erdgaseinnahmen), Macau (Glücksspiel-Paradies unter chinesischem Schutz), Palau (Taucherparadies im Pazifischen Ozean) und Liechtenstein (schuldenfrei, anlegerfreundlich und mit dem Auto erreichbar – ohne Grenze).

Ihr Geld weg ist, nutzt es Ihnen nichts zu sagen: „Das habe ich nicht gewusst." oder „Dieser Gesetzestext war mir nicht bekannt."

Die Zehn Gebote haben 100 Wörter, die amerikanische Unabhängigkeitserklärung 1.300, das deutsche Einkommensteuergesetz kommt auf 150.811. Was ich damit sagen will: Die Chancen sind extrem hoch, dass in den Gesetzen einiges dabei ist, das Sie nicht wissen. Es ist sogar so, dass Rechtsanwälte, die sich professionell mit dem Gesetz beschäftigen, einige der Dinge nicht wissen, die Sie in diesem Buch erfahren werden.

Daher bewahren Sie sich einen offenen Geist, wenn Sie dieses Buch aufmerksam lesen. Markus Dan hat hier die größten Gefahren aufgezeigt, von denen er der Meinung ist, dass sie dafür sorgen werden, dass Menschen ihr ganzes oder zumindest große Teile ihres Vermögens verlieren werden!

Vielleicht nicht heute. Vielleicht nicht morgen. Aber im Laufe ihrer Lebenszeit. Im Laufe der nächsten 10, 20 oder vielleicht 30 Jahre. Gehen Sie daher jeden dieser Fehler aufmerksam durch und fragen Sie sich ehrlich, ob Sie davon betroffen sind.

Markus hat auch am Ende jedes Kapitels seine Lösungen für den jeweiligen Fehler gezeigt. Ich weiß nicht, ob diese Lösungen auch für Sie geeignet sind, aber es ist ein Ansatz, über den Sie nachdenken sollten. Diese Ansätze sollen Ihnen Ideen und Anhaltspunkte geben, wie man sich in den jeweiligen Situationen verhalten kann.

Bitte beachten Sie eines, wenn es um Geld geht: Es gilt das Prinzip der Eigenverantwortung. **Sie waren dafür verantwortlich, dass Sie Ihr Geld verdient haben. Sie sind auch dafür verantwortlich, dass Sie Ihr Geld behalten.** Nicht der Staat, nicht Ihre Berater oder Markus Dan. Sie selbst sind zu 100 % selbst dafür verantwortlich.

Ich möchte Ihnen einen letzten Tipp mitgeben, damit dieses Vorwort nicht länger als das eigentliche Buch wird. Dieser Tipp kommt aus dem Militär und beschreibt, wie man sich in lebensgefährlichen Situationen verhält:

„Sei Dir der Gefahr bewusst. Pass Dich an. Und das Wichtigste: Handle!"

Ihr Vermögen ist in Gefahr. Das war es schon vor der Corona-Krise. Und jetzt ist es das mehr denn je. Wenn Sie dieses Buch lesen, werden Sie sich einiger dieser Gefahren bewusst werden. Dieses Buch wird Ihnen aber auch dabei helfen, sich an die jeweiligen Bedingungen anzupassen, indem es Ihnen zeigt, wo und in welchen Bereichen die Gefahren liegen. Die teils versteckten Gesetze, die Sie nicht kennen, oder die lauernden Gefahren, die Sie nicht sehen (können).

Aber eines kann dieses Buch nicht für Sie: Handeln. TUN. Das müssen Sie selbst. Das ist Ihre Verantwortung. Das ist Ihr Teil des Ganzen, denn es ist schließlich Ihr Geld.

Abschließend noch eine Bitte. Wenn Sie sich jeden einzelnen Punkt durchgelesen haben und der Meinung sind, dass dieses Buch auch Ihren Freunden und Bekannten hilft, Ihr Vermögen zu sichern und zu schützen, dann empfehlen Sie es weiter. Ich bin der Meinung, dass jeder diese Fehler zumindest kennen sollte. Ob man danach handelt oder nicht, kann ich nicht beeinflussen. Zumindest ist es immer einen Versuch wert, diese Informationen weiterzugeben und dieses Wissen zu verbreiten.

In diesem Sinne, viel Spaß bei der Lektüre.

Ihr Alexander Streeb

Warum ich dieses Buch geschrieben habe

„Markus, Du bist pleite! Alle Deine Investitionen sind den Bach runtergegangen. Alle Deine Firmen sind pleite. Und alles, was Du hast, wurde durch die Finanzkrise verbrannt. Was jetzt, Markus?"

All das hat sich aus einem Gespräch ergeben, welches ich vor einiger Zeit mit Alexander Streeb hatte. Er ist ein guter Freund von mir, geboren 1960. Er war 20 Jahre lang Vorstand der Gecam (German Capital Management AG); über 300 Millionen Euro verwaltetes Vermögen. Dreihundert Millionen!

Alexander Streeb ist ein Superprofi auf dem Gebiet der Vermögensverwaltung. Wir unterhielten uns über die aktuelle Situation in Deutschland und Europa, den Euro und einiges mehr. In eben jenem Gespräch stellte mir Alexander die Frage: „Was jetzt, Markus?"

Ich hatte natürlich einen groben Plan mit meinen Ersparnissen und Investitionen. Aber nach diesem Gespräch mit Alex war es Zeit, all das gründlich zu überdenken. Alexander hat mir einige Insidergeschichten erzählt – ich kam mit meinen Notizen kaum hinterher.

Das Gespräch mit Alexander war nur eines von unzähligen Gesprächen, die ich in dieser Art mit Experten aus den verschiedensten Branchen, wie Finanzprofis, Bankern und Unternehmern geführt habe. Das Ergebnis halten Sie nun in Ihren Händen.

Ich will Ihnen nichts vormachen. Ich habe praktisch mein gesamtes Leben lang hart gearbeitet. Irgendwann kam aber der Moment, wo es weniger darum ging, mehr Geld zu machen. Sondern mehr darum, das, was ich habe, nicht zu verlieren. Es war der Beginn einer Suche nach Lösungen. Denn wie auch Sie es vermutlich wissen: Der Staat will uns an die Wäsche. Und damit meine ich unser Vermögen. Das war schon immer so, zu allen Zeiten.

Und das ist nur eine der Gefahren, die unser Vermögen betrifft. Eine gute Lösung sind Sachwerte. Ich besitze Gold und andere Edelmetalle. Ich bin kein Fan von Immobilien (im Buch erfahren Sie, warum) und habe mich immer gefragt, was gibt es noch? Wie kann ich sonst mein Vermögen vor möglichen Gefahren schützen?

Manche Leute kaufen Oldtimer. Manche kaufen Bilder. Manche investieren in Briefmarken. Und andere wiederum kaufen Überraschungseier[3] (kein Scherz!). Mein Problem war: Ich kenne mich mit all den Sachen nicht aus. Und noch schlimmer: Sie interessieren mich nicht.

Eines meiner grundsätzlichen Geschäftsprinzipien ist, was ich das „Unendlichkeits-Prinzip" nenne. Es hilft mir, Geschäftsentscheidungen zu treffen. Ich versuche dabei, die Entwicklung eines Geschäftsmodells weit in die Zukunft zu projizieren. Wird es dieses Geschäftsmodell in 10, 20 oder 200 Jahren noch geben? Diese Denkweise hilft mir, sogenannte Evergreen-Geschäfte aufzubauen (aber, das ist ein ganz anderes Thema).

Leider bin ich, was Investitionen anbelangt, auch sehr faul. Und habe schwache Nerven. Ich kaufe keine Aktien, weil es mich zu sehr belastet. Aus demselben Grund gehe ich auch nicht ins Casino oder spiele um Geld.

merkur.de

Ich mag es ruhig, sicher, gemütlich. Einmal kaufen – nie wieder verkaufen. Einen Wert immer behalten. Über Generationen. Das bin ich. Und diese Denkweise, mein „Unendlichkeits-Prinzip", lege ich auch auf meine Investments um.

Daraus ergeben sich einige Kriterien, die erfüllt werden müssen:

- Wird das, worin ich investiere, in 100 oder 200 Jahren noch wertvoll sein?
- Muss ich mich um das, was ich kaufe, kümmern?
- Ist mein Investment gegen Krisen gewappnet?
- Was passiert, wenn eine Währung oder eine Regierung verschwindet?
- Wie leicht kann der Staat mir das, was ich habe, wegnehmen?
- Wie leicht/schnell kann ich mein Investment wieder verkaufen, sollte ich mal Geld benötigen?

Sie sehen, es ist eine recht taffe Liste. Gleich vorweg, ich habe nichts gefunden, was ALLE Punkte abdeckt. Es gibt einige Favoriten, aber auch die haben Vor- und Nachteile.

[3] https://www.merkur.de/leben/geld/euro-ei-schaetze-ueberraschungsei-kinder-sammler-sammlerstueck-figuren-hohe-preise-geld-zr-92369672.html

Ganz vorne dabei ist **Gold**. Großer Nachteil: Goldbesitz wurde in der Vergangenheit mehrmals verboten. Und sogar heute gibt es eine Meldepflicht (jeder, der mehr als 2.000 Euro an Gold kauft, wird gemeldet).

Haben Sie sich eigentlich jemals gefragt, WARUM angegeben werden muss, wer Gold besitzt? Warum will der Staat wissen, wer Gold hat? Eine Edelmetall- oder spezielle Goldsteuer gibt es nicht. Goldbarren und -münzen werfen keine Zinsen ab, daher gibt es auch keine Einkommenssteuer darauf. Wenn Sie Gold nach einem Jahr verkaufen und damit Gewinne machen, sind diese steuerfrei und müssen nicht einmal in der Steuererklärung angegeben werden. Es wird dann auch keine Umsatzsteuer erhoben.

Warum also will der Staat wissen, welcher seiner Bürger Gold hat? Manche sagen, damit er weiß, wo er es sich abholen kann, wenn er es braucht. Ein Schelm, der Böses dabei denkt.

Als nächster Sachwert zu nennen, sind Immobilien. Aber nicht alle Immobilien. Nur Grundstücke. Das Grundstück ist als Anlage meiner Meinung nach das wirklich Wertvolle. Nicht das Haus, das auf ihm steht. Grundstücke sind begrenzt. Es gibt nur eine bestimmte Quadratmeterzahl an Grund in Deutschland. Und dann ist Schluss. Wohnungen können in die Höhe und in die Tiefe gebaut werden. Aber der Grund ist begrenzt.

Achtung! Häuser, Wohnungen usw. sind in meinen Augen keine Anlagen, sondern ein Geschäft. Man muss sich darum kümmern, Mieter finden, renovieren, es gibt eine Menge Risiken … Ja, es lässt sich damit Geld verdienen, wenn man es richtig macht. Aber ich suche hier kein neues Geschäft, ich suche Anlagen, die mir keine Arbeit machen, die mein Geld schützen und die ich meinen Enkeln weitergeben kann.

Aber auch Grundstücke haben ihre Vor- und Nachteile. Man kann sie nicht mitnehmen (sie sind „immobil"). Und man muss Steuern darauf zahlen.

Noch so eine Frage: Warum muss man eigentlich auf sein Eigentum Steuern zahlen? Sie haben das Grundstück gekauft. Es gehört rechtlich Ihnen, oder? Warum müssen Sie auf Ihren Besitz

Steuern zahlen? Die Antwort wird Ihnen nicht gefallen, aber denken Sie trotzdem ein wenig darüber nach.

Das eigentliche Problem mit den Steuern auf Immobilien ist, dass darüber der indirekte Zugriff auf Ihren Besitz erfolgen kann. Der Staat kann, indirekt, Ihren Grund durch Zwangshypotheken belasten, im schlimmsten Fall wegnehmen. Siehe § 31 Lastenausgleichsgesetz von 1952, wo auf jeden privaten Immobilienbesitz eine Zwangshypothek von 50 % erhoben wurde.[4] Diese konnte damals dann die nächsten 30 Jahre zurückgezahlt werden.

Alles hat Vor- und Nachteile. Sie finden sie in diesem Buch. Ich habe von einem Finanzprofi folgende Aussage gehört:

> **„Today it's not about return ON investment.**
> **It's about return OF investment."**

Es geht heute nicht darum, wie viel man für sein Geld zurückbekommt. Es geht darum, dass man es überhaupt zurückbekommt. Das ist die neue Realität. Wir müssen uns damit abfinden. Dieses Buch soll Ihnen als eine Art Wegweiser und Ideen-Ratgeber für Ihr Vermögen dienen.

bgbl.de

Ich bin kein Finanzberater und das ist auch keine Finanzberatung.[5] Ich möchte Sie aber auch auf einige Dinge hinweisen, auf die ich in den letzten Jahrzehnten gestoßen bin und hoffe, dass Sie sich das eine oder andere herauspicken können und es auch umsetzen.

Ich möchte Ihnen an dieser Stelle noch einmal von Herzen danken.

Dafür, dass Sie dieses Buch in die Hand genommen haben.

Dafür, dass Sie sich Zeit nehmen – in einer Zeit, in der unsere Aufmerksamkeit ständig umkämpft ist.

Und vor allem: Dafür, dass Sie bereit sind, Verantwortung für Ihr Vermögen und Ihre Zukunft zu übernehmen.

Ich weiß aus eigener Erfahrung, wie überwältigend es sein kann,

---

[4] http://www.bgbl.de/xaver/bgbl/start.xav?startbk=Bundesanzeiger_BGBl&jumpTo=bgbl152s0446.pdf

[5] Mein Rechtsanwalt hat mir gesagt, dass ich das schreiben soll. Sie sehen, in welchen Zeiten wir leben.

sich mit den komplexen Gefahren für das eigene Vermögen auseinanderzusetzen. Deshalb habe ich dieses Buch geschrieben – und deshalb möchte ich Ihnen noch etwas mehr an die Hand geben.

Als Leser dieses Buches erhalten Sie exklusiven Zugang zu einem umfangreichen Bonuspaket, das ich für Sie zusammengestellt habe. Es enthält Werkzeuge, Informationen und Impulse, die Ihnen helfen können, Ihre finanzielle Situation besser zu verstehen – und klügere Entscheidungen zu treffen.

✓ Der Risiko-Schnell-Check (Wert 39,90 €) hilft Ihnen, mit nur wenigen Klicks zu erkennen, wo Ihr Vermögen derzeit steht – und ob es gefährdet ist. Ein einfacher, aber kraftvoller Startpunkt, um Klarheit zu gewinnen – denn um dorthin zu gelangen, wo man hin will, muss man wissen, wo man gerade steht.

✓ Die Checkliste „Die 5 übergeordneten Geldspeicher" (Wert 29,90 €) zeigt Ihnen fünf strategische Bereiche, in denen Sie Ihr Vermögen sinnvoll "lagern können" – ein Gedankengerüst, das vielen bislang verborgen geblieben ist. Zwei dieser Geldspeicher sind heute extrem gefährdet (Details dazu in Gefahr Nr. 3)!

✓ Das Bonuskapitel „Damoklesschwert Aktien" beleuchtet, warum heute selbst solide US-Aktien extrem gefährdet und vor einem möglichen Kollaps stehen – oder zumindest vor einer gründlichen (und schmerzhaften) Konsolidierung.

✓ Zusätzlich erhalten Sie die Kapitel 1 bis 10 als Hörbuch. Für alle, die gerne unterwegs oder beim Sport weiterdenken. Weil Wissen nicht nur im Regal stehen, sondern im Kopf ankommen soll.

✓ Darüber hinaus gebe ich Ihnen Zugang zu einem geschützten Online-Bereich mit weiterführenden Ressourcen, aktuellen Updates und zusätzlichen Hintergrundinformationen, die ich regelmäßig erweitere.

✓ Und weil niemand alles allein durchdenken kann, lade ich Sie in eine exklusive Telegram-Gruppe ein – einen vertraulichen Raum für Austausch, Fragen und neue Perspektiven mit Gleichgesinnten.

All das erhalten Sie als Dankeschön kostenfrei.

Nur als Leser dieses Buchs.

⇨ Gehen Sie dazu einfach auf:

https://www.markusdan.com/gefahren-ressourcen

Sie müssen sich anmelden und eine Sicherheitsfrage beantworten. Sie sollten es am besten gleich tun, denn wichtige Dinge dürfen nicht aufgeschoben werden.

In diesem Sinn – werden Sie aktiv! Legen wir los.

Herzlichst,

Ihr Markus Dan

P.S.: Folgen Sie mir auch auf X (https://x.com/RealMarkusDan) –

Resourcen

X (Twitter)

Offenlegung

Ich werde in einigen Kapiteln konkrete Praxistipps und Empfehlungen geben. Bei manchen dieser Empfehlungen erhalte ich eine kleine Empfehlungsprämie – und ich bin von Anfang an vollkommen transparent damit. Diese Prämie ist keine zusätzliche Belastung für Sie, sondern ein Vorteil: Der Anbieter zieht sie direkt von seinen Gewinnen ab.

Das Beste daran: Ich habe diese Prämie immer so gestaltet, dass sie Ihnen einen zusätzlichen Vorteil bringt. Dank meiner Verhandlung erhalten Sie zum Beispiel in diesem Fall einen exklusiven Rabatt, der ohne meine Empfehlung nicht möglich wäre. So profitieren Sie nicht nur von meiner Erfahrung, sondern auch von besonderen Konditionen, die es so sonst nicht gibt.

WEBINAR: DIE GRÖSSTEN GEFAHREN FÜR IHR VERMÖGEN
... und wie Sie sich dagegen schützen.
Die ideale Ergänzung zu diesem Buch!
Erfahren Sie gemeinsam mit Finanzprofi Alexander Streeb in unserem exklusiven Webinar, welche versteckten Gefahren Ihr Vermögen bedrohen – und wie Sie sich effektiv absichern.
Melden Sie sich jetzt hier an:

Gefahr Nr. 1 – Glauben, dass Geld in einer Lebensversicherung sicher ist

In Deutschland gibt es über 80 Millionen Lebensversicherungsverträge. Das sind genauso viele wie Einwohner. Statistisch gesehen besitzt damit jeder Deutsche eine Lebensversicherung, vom Neugeborenen bis zum Rentner. Aber warum? Warum vertrauen wir diesem Produkt so blind? Warum glauben wir, dass unser Geld in einer Lebensversicherung sicher ist, gute Renditen erzielt und uns eine solide Altersvorsorge bietet?

Die Antwort liegt in einem jahrzehntelang aufgebauten Mythos. Lebensversicherungen wurden uns als das perfekte Finanzprodukt verkauft. Sicher, stabil und vor allem: zuverlässig. Politiker, Versicherer und Finanzvermittler haben mit diesem Image Milliarden verdient – auf Kosten derer, die ihnen vertrauten. Die Realität sieht jedoch ganz anders aus.

Zwei Gesichter, ein Problem: **Klassisch** oder **fondsgebunden**?

Die Lebensversicherung teilt sich in zwei Hauptarten: die klassische kapitalbildende Lebensversicherung und die fondsgebundene Lebensversicherung. Beide haben auf den ersten Blick ihre Vorteile – doch der Schein trügt.

Die klassische Lebensversicherung: Sicherheit oder Risiko?

Ihr Geld wird zu etwa 80 % in Staatsanleihen investiert. Insgesamt haben die Deutschen auf diesem Weg über **1 Billion Euro** in Staatsanleihen investiert – eine gewaltige Summe. Das klingt zunächst sicher – schließlich handelt es sich um die Schulden von Staaten wie Deutschland. Doch genau hier liegt das Problem. Die Renditen von Staatsanleihen in stabilen Industrienationen wie Deutschland oder den USA sind in den letzten Jahren drastisch gefallen, erreichen oft nicht einmal mehr die Inflationsrate.

Mit anderen Worten: **Selbst wenn Ihnen eine garantierte Summe ausgezahlt wird, verliert Ihr Geld jedes Jahr an Kaufkraft.**

Um diese Lücke zu schließen, haben viele Lebensversicherer begonnen, in riskantere Staatsanleihen zu investieren – etwa in Schwellenländer oder finanziell angeschlagene Länder wie Griechenland oder Italien. Diese bieten höhere Zinsen, tragen jedoch ein deutlich höheres Risiko.

Würden Sie Ihr Geld in griechische Staatsanleihen investieren? Diese Frage klingt vielleicht abstrakt, doch genau das geschieht, wenn Ihr Lebensversicherer auf der Suche nach höheren Renditen in unsichere Märkte geht. Das Risiko liegt letztlich bei Ihnen. Aber was passiert eigentlich, wenn ein Staat seine Schulden nicht zurückzahlen kann?

Collective Action Clause (CAC): Die Rettungsleine für Staaten – nicht für Sie!

In solchen Fällen greift häufig die sogenannte Collective Action Clause (CAC). Diese Klausel erlaubt es Staaten, die Rückzahlungsbedingungen ihrer Staatsanleihen einseitig zu ändern, wenn eine Mehrheit der Gläubiger zustimmt.

Das bedeutet: Wenn ein Land wie Griechenland seine Schulden nicht mehr bedienen kann, könnte es entscheiden, die Rückzahlung zu verschieben, die Zinsen zu senken oder sogar nur einen Teil des ursprünglichen Betrags zurückzuzahlen. Und als Kunde einer Lebensversicherung haben Sie darauf keinerlei Einfluss.

Die CAC schützt zwar den Staat vor einem völligen Zahlungsausfall, aber auf Kosten der Investoren – also Ihres Lebensversicherers und letztlich Ihres Geldes. Diese Risiken stehen in keinem Verhältnis zu den ohnehin niedrigen Renditen, die Ihnen am Ende ausgezahlt werden.

Fazit: Sicherheit klingt anders

Die klassische Lebensversicherung verspricht Sicherheit, doch ein Blick hinter die Kulissen zeigt, dass diese Sicherheit teuer erkauft wird – mit niedrigen Renditen und hohen Risiken. Die Frage bleibt: Würden Sie Ihr Geld direkt in diese Staatsanleihen investieren?

Und wenn nicht, warum sollte Ihr Versicherer es für Sie tun?

Die fondsgebundene Lebensversicherung: Renditefalle statt Gewinnerstrategie

Die fondsgebundene Lebensversicherung wird gerne als moderne und renditestarke Alternative verkauft. Statt in Staatsanleihen wie bei der klassischen Lebensversicherung wird Ihr Geld hier in Fonds investiert, oft sogar in ETFs. Das klingt vielversprechend, doch die Realität sieht anders aus.

Die fondsgebundene Lebensversicherung ist ein Paradebeispiel dafür, wie hohe Kosten selbst die besten Anlagechancen zunichte machen können.

Hohe Kosten: Ein unsichtbarer Gegner

Stellen Sie sich vor, Sie haben die Wahl zwischen zwei Optionen:

1. Ein Aktiendepot, in dem Sie einen ETF besparen, der im Durchschnitt etwa 0,2 % jährliche Kosten hat.
2. Eine fondsgebundene Lebensversicherung, die ebenfalls in einen ETF investiert. Doch hier kommen zusätzliche Kosten ins Spiel: Verwaltungskosten der Versicherung, Abschlusskosten für den Vermittler und Risikokosten für mögliche Zusatzversicherungen.

Diese Zusatzkosten fressen den Großteil der Erträge auf. Viele fondsgebundene Lebensversicherungen schaffen es daher nicht, mit einem einfachen ETF-Sparplan mitzuhalten.

Warum wir weiter blind vertrauen

Es gibt einen Grund, warum die Lebensversicherung das Lieblingsprodukt der Deutschen geblieben ist: Wir haben gelernt, dass „sicher" gleich „gut" ist. Doch was wir übersehen, ist, dass diese vermeintliche Sicherheit teuer erkauft wird – durch versteckte Kosten, geringe Renditen und fehlende Transparenz.

Millionen Deutsche haben ihr Vertrauen in ein Produkt gesetzt, das den modernen Anforderungen an eine rentable und verlässliche Altersvorsorge längst nicht mehr genügt.

Die bittere Wahrheit

Lebensversicherungen werden oft als das Fundament einer sicheren Altersvorsorge verkauft. Doch hinter der glänzenden Fassade lauert ein Problem, das viele Versicherte erst Jahre später erkennen: **die enormen Kosten und gebrochenen Versprechen.**

Besonders kritisch ist, dass die Abschlusskosten nicht gleichmäßig über die gesamte Laufzeit verteilt, sondern meist direkt in den ersten Jahren abgezogen werden. Während Sie glauben, Ihr Geld wird sinnvoll angelegt, fließt ein großer Teil zunächst in die Taschen von Vermittlern und Versicherern.

Gebrochene Versprechen: Wenn die Realität zuschlägt

Viele Lebensversicherungen werden vorzeitig gekündigt, weil die Renditen enttäuschen oder die Kosten zu hoch sind. Was bleibt, ist Enttäuschung – und die Erkenntnis, dass das vermeintlich sichere Produkt ein Verlustgeschäft war.

gesetze-im-internet.de

Warum § 314 VAG das Grab Ihrer Lebensversicherung ist

Noch schlimmer wird es, wenn wir einen Blick auf § 314 VAG (Versicherungsaufsichts-Gesetz)[6] werfen. Ein einziger Paragraf – und er hat das Potenzial, Ihre gesamte Lebensversicherung zu zerstören. Er erlaubt es der Aufsichtsbehörde, bei finanziellen Schieflagen eines Versicherers die Auszahlungen an Kunden auszusetzen oder sogar bestehende Verpflichtungen herabzusetzen.

Das heißt: Selbst wenn Sie jahrelang eingezahlt haben, kann Ihr Versicherer unter bestimmten Umständen die Leistungen reduzieren oder zeitweise verweigern. Was bleibt von Ihrer Planungssicherheit, wenn Gesetze existieren, die genau das untergraben können?

Zusätzliche Realität: Die FWU-Pleite und ihre Folgen

Die FWU-Insolvenz im Jahr 2024 zeigt auf schockierende Weise, wie wenig Garantieversprechen tatsächlich wert sind, wenn ein Ver-

---

[6] https://www.gesetze-im-internet.de/vag_2016/__314.html

sicherer in finanzielle Schwierigkeiten gerät. Über 300.000 Policen sind eingefroren, viele Kunden stehen ohne die versprochenen Leistungen da. Selbst die sogenannte „Höchststandsgarantie", die als sicher galt, konnte nicht eingehalten werden. Kunden, die sich über Jahre hinweg auf diese Garantien verlassen haben, müssen jetzt mit erheblichen finanziellen Einbußen rechnen.[7]

Die **FWU-Pleite ist kein Einzelfall**: Bereits **seit 2018** stehen laut BaFin zahlreiche Lebensversicherer unter intensiver Beobachtung. Konkret waren es **15 Lebensversicherer** (fast 20 % aller Anbieter) und **31 Pensionskassen**, die unter verschärfter Aufsicht standen. Diese Zahlen zeigen, wie weitverbreitet die finanziellen Probleme in der Branche sind – und sie haben sich seither nicht verbessert.

Es ist eine stille Krise, die viele Versicherte erst erkennen, wenn es zu spät ist. Was passiert, wenn man mit etwas rechnet und nur die Hälfte bekommt?

Viele Menschen zahlen monatlich mehrere Hundert Euro in ihre Lebensversicherung ein – über Jahrzehnte hinweg. **Doch was sie dafür erhalten, bleibt oft im Dunkeln.**

verbraucherzentrale.de

Die meisten Kunden kennen nur die Garantieversprechen ihrer Policen, wie die Höchststandsgarantie. Doch was tatsächlich ausgezahlt wird, ist häufig weit weniger. Man rechnet mit einem bestimmten Betrag und erhält am Ende nur die Hälfte oder weniger.

Das führt zu ernsten Konsequenzen. Ein Beispiel ist die Eigenheimfinanzierung: Viele Versicherte haben ihre Lebensversicherung als Sicherheit für einen Baukredit eingeplant. Doch wenn die Auszahlung am Ende nicht ausreicht, geraten sie in finanzielle Schwierigkeiten. Plötzlich wird aus der vermeintlich sicheren Altersvorsorge ein unkalkulierbares Risiko.

Das Kernproblem: Ein System ohne Klarheit

Keine Transparenz: Versicherte zahlen über Jahre hinweg in ein Produkt ein, ohne jemals wirklich zu wissen, was sie dafür bekommen.

---

[7] https://www.verbraucherzentrale.de/aktuelle-meldungen/geld-versicherungen/lebensversicherer-fwu-ist-insolvent-was-das-fuer-sie-bedeutet-97890

Unrealistische Erwartungen: Kunden verlassen sich auf Versprechen wie Garantiezinsen, Höchststandsgarantien oder Ablaufleistungen, die am Ende oft nicht erfüllt werden.

Fehlende Planungssicherheit: Wenn Auszahlungen nicht der Erwartung entsprechen, bringt das ganze Finanzkonzepte, wie die Altersvorsorge oder den Immobilienerwerb, ins Wanken.

Wann eine Lebensversicherung noch sinnvoll ist

Es gibt eine Ausnahme, bei der eine Lebensversicherung sinnvoll sein kann: die Risikolebensversicherung.

Sie schützt Ihre Familie oder Ihre Geschäftspartner im Todesfall und ist mit geringen Kosten verbunden. Doch diese Form hat nichts mit der kapitalbildenden Variante zu tun, die Ihnen als Anlageprodukt verkauft wird.

Kapitalbildende Lebensversicherungen: Ein Relikt der Vergangenheit

Die Welt hat sich verändert, doch die Struktur der Lebensversicherung ist stehen geblieben. Hohe Kosten, fehlende Flexibilität und politische Risiken wie § 314 VAG machen sie zu einem Produkt, das nicht mehr zeitgemäß ist. Hinzu kommen niedrige Renditen durch Investitionen in Staatsanleihen und ineffiziente Fondsstrategien. Die Wahrheit ist: Eine kapitalbildende Lebensversicherung schützt weder Ihre Kaufkraft noch Ihre finanzielle Zukunft.

Praxistipp: Was tun, wenn Sie eine Kapitallebensversicherung haben und sich fragen, ob sie noch sinnvoll ist?

Wenn Sie also eine Kapitallebensversicherung haben, sollten Sie unbedingt überprüfen, ob diese möglicherweise gefährdet ist. Dazu haben Sie grundsätzlich drei Möglichkeiten:

1. Selbst kündigen

Wenn Sie Ihre Police selbst kündigen möchten, sollten Sie wissen, dass Versicherungen gut vorbereitet sind. Sie verfügen über eigene Rechtsabteilungen, die Kündigungsschreiben routiniert abwehren und oft nur das Minimum auszahlen. Dies kann zu Verlusten führen, da Sie möglicherweise nicht den vollen Rückkaufswert erhalten. Selbst eine korrekte Kündigung kann kompliziert sein und erfordert oft Geduld und Durchsetzungsvermögen.

2. Überprüfung durch einen Fachanwalt

Eine andere Möglichkeit ist, Ihre Police von einem spezialisierten Anwalt überprüfen zu lassen. Ja, die Kosten für einen Fachanwalt sind höher, aber der Mehrwert ist es in vielen Fällen wert. Warum?

- Ein Fachanwalt kennt die rechtlichen Schlupflöcher und weiß, wie man mit Versicherungen umgeht.
- Schon ein anwaltliches Schreiben kann dazu führen, dass die Versicherung Ihnen bessere Konditionen anbietet – sie weiß dann, dass Sie es ernst meinen.
- So finden Sie den richtigen Anwalt: Googlen Sie „Versicherung Fachanwalt" und achten Sie auf Bewertungen sowie Spezialisierungen.

Ressourcen

3. Unabhängige Dienstleister beauftragen

Die einfachste und oft effektivste Lösung ist die Beauftragung eines unabhängigen Dienstleisters (siehe dazu meine Empfehlung in den Ressourcen), der sich auf die Überprüfung von Kapitallebens- und Rentenversicherungen spezialisiert hat.

- **Vorteile:** Solche Dienstleister arbeiten schnell, bieten feste Gebühren und verfügen über umfangreiche Erfahrung mit Versicherungen.
- **Fachanwalt inkludiert:** Natürlich arbeiten diese Dienstleister selbst mit Top-Fachanwälten. Oft haben sie Tausende von Referenzen und wissen genau, wie sie das Optimum für Sie herausholen können.
- **Kosten:** Die Gebühren sind eine Einmalgebühr, die überschaubar ist und sich oft mit den erzielten Vorteilen verrechnen lässt.

Selbst wenn sich herausstellt, dass alles in Ordnung ist, haben Sie Gewissheit und können beruhigt schlafen.

BONUS: Markus Dans Risiko-Schnell-Check

Ist Ihr Vermögen wirklich geschützt?

Viele glauben gut aufgestellt zu sein – bis Inflation, politische Eingriffe oder Systemrisiken plötzlich zuschlagen.

Die wahren Schwächen zeigen sich oft erst, wenn es zu spät ist.

Wie sieht es mit Ihrem Vermögen aus?

Finden wir es gemeinsam heraus, denn der Risiko-Schnell-Check hilft Ihnen in weniger als 5 Minuten:

- verborgene Risiken aufzudecken,
- Schwachstellen zu erkennen,
- und Ihre Struktur gezielt zu stärken – ohne Verkaufsdruck.

Danach erhalten Sie ein kostenloses, persönliches Feedback mit klaren Empfehlungen – individuell, verständlich, umsetzbar.

Risiko-Schnell-Check

Machen Sie den Risiko-Schnell-Check (für Buchkäufer gratis statt 39,90 €); besser jetzt – bevor sich die Spielregeln ändern:

https://markus-dan.com/risiko-schnellcheck/

Fazit

Risikolebensversicherungen sind in den meisten Lebensumständen eine sinnvolle Absicherung für Hinterbliebene. Das gilt sowohl für den privaten als auch den geschäftlichen Bereich. Kapitallebensversicherungen sind ein Investment in Schulden (Siehe Gefahr Nr. 3 und 4). Ich empfehle daher, Ihre Versicherung unbedingt auf den Prüfstand zu stellen. Im besten Fall wissen Sie, dass alles in Ordnung ist und Sie ruhig schlafen können. Im weniger guten Fall wissen Sie, dass Sie handeln müssen. Sie gewinnen in jedem Fall.

Was Sie nicht machen sollten? Ihren Versicherungsvertreter fragen, ob alles OK ist. Man sollte nie die Frösche fragen, wenn man einen Teich trocken legen will.

Gefahr Nr. 2 –
Glauben, dass Geld in einem Bankschließfach anonym und vor Zugriff geschützt ist

Eines vorweg: Weder die Bank noch das Finanzamt weiß, was IN einem Bankschließfach ist. Beide wissen jedoch, DASS ein Bankschließfach existiert und WEM es gehört. Hinzu kommt, dass beide, ohne die Erlaubnis des Eigentümers, Zugriff auf den Inhalt haben. Dazu gleich mehr.

Bankschließfächer gelten in den Augen vieler Menschen als sicher und haben – unter gewissen Voraussetzungen – ihre Daseinsberechtigung. Allerdings ist diese Sicherheit eingeschränkt. Tatsächlich gibt es beachtliche Risiken, über die Sie Bescheid wissen müssen.

Das Wichtigste zuerst: Der Inhalt eines Bankschließfachs ist tatsächlich anonym. Niemand weiß, was in Ihrem Schließfach ist. Aber das Finanzamt weiß, dass Sie ein Schließfach haben, denn jede Bank hat eine Meldepflicht. Die Bank ist verpflichtet, einer zentralen Meldestelle mitzuteilen, wer ein Bankschließfach eröffnet. Anonyme Bankschließfächer und sogenannte Nummernkonten gibt es selbst in der Schweiz nicht mehr.[8]

focus.de

Menschen kaufen immer mehr „physische Werte“, also Sachwerte und Dinge, die man in der Hand halten kann und die unabhängig vom Geldsystem sind. Die Nachfrage bei Edelmetallen in Privathaushalten steigt permanent. Diese Sachwerte müssen jedoch verwahrt werden.

Viele Menschen mieten dafür ein Schließfach bei ihrer Hausbank an, um ihre Schätze sicher aufzubewahren. Die Nachfrage nach Schließfächern stieg in den vergangenen Jahren stark an. Aber nicht zuletzt, weil auch Einbrüche immer häufiger vorkommen, sollten Wertgegenstände außerhalb des eigenen Haushaltes gelagert

8 https://www.focus.de/finanzen/news/staatsverschuldung/tid-24423/anlegen-im-ausland- schweiz-besonderes-pflaster-fuer-anleger_aid_692189.html

werden. Die Einbruch-Statistik wartet mit dramatischen Zahlen auf. Es gibt also genug Argumente, **Wertgegenstände nicht im Haushalt zu lagern**. Es stellt sich also die Frage, wie sinnvoll es ist, Sachwerte wie Edelmetalle, Edelsteine oder auch Bargeld in einem Bankschließfach zu verwahren? Auf den ersten Blick scheint diese Lösung gut und ist die Aufbewahrung anonym. Jedoch nur auf den ersten Blick. Nach genauerer Analyse sind Bankschließfächer jedoch keine so gute Wahl.

Meldepflicht

Banken vermieten Schließfächer in der Regel an ihre eigenen Kunden. Von diesen Kunden weiß die Hausbank in der Regel alles, sämtliche Einnahmen, Ausgaben und oft sogar Höhe von Guthaben und Schulden. Natürlich weiß die Hausbank nicht, was IM Schließfach eingelagert wird. Allerdings reicht die Information darüber schon aus, DASS ein Schließfach existiert, um unerfreuliche Effekte zu verursachen.

Banken sind zum Beispiel dazu verpflichtet, gegenüber den Behörden das Vorhandensein eines Schließfaches anzuzeigen. So ist auch zu erklären, wie das Finanzamt bei einer Steuerprüfung über das Bankschließfach Bescheid weiß.

Das Erste, was bei einer Steuerprüfung passiert, ist, dass man einen Brief bekommt. Darin steht, dass die Bank informiert wurde und man nicht an sein Schließfach darf (ebenso werden alle Konten gesperrt). Dann darf man nur noch im Beisein des Finanzbeamten an sein Schließfach.

Auch bei einer Pfändung wird der Zugriff auf das Bankschließfach durch die Bank gesperrt. Aber, das ist nicht alles, denn das Finanzamt hat auch noch andere Möglichkeiten, wie die jüngste Geschichte gezeigt hat: Die gewaltsame Schließfachöffnung.

Ein besonders spektakulärer Fall ereignete sich 2008 in Großbritannien. Das Vereinigte Königreich hat ein ähnliches Bankgesetz wie Deutschland. Die Behörden öffneten in einer Großaktion 7.000 Schließfächer gewaltsam mit dem Winkelschleifer. Begründung: Verdacht auf Geldwäsche und Schwarzgeld, welches in den Fächern gelagert sei. Das Bild zeigt eine solche gewaltsame Öffnung von Bankschließfächern in der Hauptstadt London.

Öffnung von Schließfächern in No. 3 Park Street, Mayfair, London
Quelle: London Metropolitan Police

In der Not frisst der Teufel bekanntlich Fliegen. Nach inoffiziellen Schätzungen verbergen sich in deutschen Schließfächern Inhalte im zweistelligen Milliardenbereich. Ein gefundenes Fressen für die Steuereintreiber. Wer wird im Zweifelsfall schon nachweisen können, woher Geld, Gold und Juwelen stammen, wann er sie gekauft hat und wenn ja – ob diese auch versteuert wurden?

In Schließfächern lagert bekanntlich oft Jahrzehnte altes Vermögen, so dass jeder Nachweis des ordentlichen Erwerbs praktisch unmöglich ist. Übrigens: Banken haften in der Regel nicht für den Inhalt der Schließfächer. Bargeld im Bankschließfach ist grundsätzlich nicht versichert. Andere Inhalte ebensowenig. **Das Risiko tragen Sie in der Regel selbst.** Man sollte daher eine Safe-Versicherung abschließen.

Dass Versicherer in Deutschland Ihre Daten jedoch auf Anfrage an das Finanzamt weiterleiten, ist nicht auszuschließen. Und beim Versicherer haben Sie ja sämtliche Werte angegeben, die Sie im

Schließfach haben. Ein Schließfach in der Schweiz wird nicht an das deutsche Finanzamt gemeldet. Wenn jedoch für dieses Schließfach eine Versicherung in Deutschland abgeschlossen wird, muss man damit rechnen, dass die Informationen auch dem deutschen Fiskus bekannt sind.

Notstandsgesetze

Ein weiteres Problem sind Notstandsgesetze. Sie erlauben unter gewissen Voraussetzungen den Zugriff und die gewaltsame Öffnung von privaten Schließfächern – auch in der Schweiz. Wie die jüngere Geschichte gezeigt hat, ist es sehr einfach, einen Notstand auszurufen und Grundgesetze außer Kraft zu setzen. Wer garantiert uns, dass solche Notstände nur bei Gesundheitsfragen ausgerufen werden? Wer kann Ihnen zusichern, dass nicht eines Tages der drohende Staatsbankrott als Notstand deklariert und als Vorwand genommen wird, auf das Privatvermögen der Bürger zuzugreifen?

Fazit

Schließfächer sollten ausschließlich für die Verwahrung von wichtigen Dokumenten verwendet werden. Für Wertgegenstände sollte eine Alternative in Betracht gezogen werden.

Wie sieht es mit Anbietern von privaten Schließfächern aus? Diese unterliegen (noch) keiner Meldepflicht, man weiß jedoch, dass Gesetzesänderungen auch rückwirkend möglich sind (und dies auch schon oft genug gemacht wurde).

Es bleiben noch zwei Möglichkeiten: Die Erste ist Vergraben. Lachen Sie nicht. Gold oder Edelmetalle kommen aus der Erde und sind dort tatsächlich sicher aufgehoben. Was wie eine Geschichte aus dem Mittelalter klingt, ist kein Scherz. Diese Methode hat sich seit Jahrhunderten bewährt und wird heute noch häufiger angewendet, als man glaubt. Ich persönlich kenne mindestens drei Familien, die mir gesagt haben, dass sie ihre Goldreserven vergraben haben.

Eine Schließfach-Alternative wäre noch ein privates Schließfach in Liechtenstein. Liechtenstein ist eines der fünf Länder dieser Welt, das nicht verschuldet ist.[9] Es ist im Prinzip ein privates Fürstentum, welches keinerlei Notstands- oder sonstige Gesetze für den Zugriff auf persönliches Eigentum kennt. Natürlich kostet dort ein privates Schließfach inklusive Versicherung zwischen 1 % und 1,5 % der eingelagerten Werte. Jeder muss für sich selbst entscheiden, ob ihm die Sicherheit seiner Werte diesen Betrag wert ist.

Außerdem muss das neue Gesetz – auf das wir später noch zurückkommen – berücksichtigt werden, das den Zugriff auf Privatvermögen erlaubt, wenn die Herkunft der Vermögenswerte nicht nachgewiesen werden kann. Dieses Gesetz erhöht die Dringlichkeit, private Schließfachlösungen außerhalb des eigenen Landes in Betracht zu ziehen, um das eigene Vermögen vor potenziellen Zugriffen zu schützen.

[9] Zur Erinnerung: Diese fünf schuldenfreien Länder sind: British Virgin Islands, Brunei, Macau, Palau und Liechtenstein.

RISIKO-SCHNELL-CHECK

Was Ihnen der Check in 24 Stunden liefert:

- ✓ Einen kompakten Überblick über die aktuellen Risiken Ihrer Anlagen.
- ✓ Eine konkrete Einschätzung der sechs größten Risikofaktoren.
- ✓ Hinweise, wo Handlungsbedarf besteht und warum.

Erfahren Sie hier mehr:

Gefahr Nr. 3 – Die fünf übergeordneten Geldspeicher nicht kennen

Was ich Ihnen hier zeigen möchte, ist ein sogenanntes „übergeordnetes Prinzip“. Es handelt sich um ein Modell, das das Prinzip des Speicherns von Geld bzw. von Vermögenswerten erklärt. Wenn Sie dieses verstanden haben, wird es Ihnen leicht fallen, sich in der praktisch unendlichen Anzahl von Finanzprodukten zurechtzufinden. Das wiederum ermöglicht es Ihnen, Ihr bestehendes Anlagekonzept einfach zu prüfen und unterstützt Sie dabei, leichter eine gute Strategie zu entwickeln und die richtigen Entscheidungen zu treffen.

Der Geldspeicher von Dagobert Duck. Nein, den meine ich hier nicht.

Was ist ein Geldspeicher?

Was bedeutet es eigentlich, Geld zu speichern? In Wirklichkeit geht es nicht um Geld, sondern um ZEIT und WERTE. Lassen Sie uns kurz erklären. Menschen und Tiere tun dies seit Anbeginn der Zeit: Wir sammeln in Zeiten der Fülle, um das Gesammelte in Zeiten des Mangels zu verwenden.

Sehen wir uns dazu einen der ältesten Wertespeicher der Menschheitsgeschichte an: Die Kornspeicher im alten Ägypten. Es war eine der ganz wenigen Zeiten (vielleicht die einzige Zeit), in der "das einfache Volk" Geld schöpfen konnte, also Geld herstellen. Wie das?

Damals war es so, dass ein Großteil der Ägypter als Bauern rund um den Nil Getreide anbauten. Die Bauern hatten die Möglichkeit, dieses Getreide zu großen Kornspeichern zu bringen und dort zu lagern. Sie erhielten eine Art Beleg dafür, dass sie ihr Korn im Speicher abgegeben haben. Auf einer kleinen Tonplatte wurde eingeritzt, wann sie wie viel Korn abgegeben haben. Diese Tonplättchen werden als „Ostraka" bezeichnet und dienten als Quittung.

Ägyptische „Ton-Quittung", ca. 5.000 Jahre alt

Mit dieser Tonplatte konnten die Bauern beispielsweise ein Jahr später wieder zum Kornspeicher gehen und Korn „abheben". Es wurden dabei 10 % vom Korn für die Kosten pro Jahr abgezogen. Diese Kosten waren für die Erhaltung der Kornspeicher, für die Bewachung, aber auch für den natürlichen Schwund, wenn etwa Mäuse etwas davon fraßen.

Aber das Interessante war, dass diese Tonplatten auch weitergegeben werden konnten. Man konnte sie gegen andere Dinge und Leistungen eintauschen. Sie waren schon rund 3000 Jahre vor Christus die Vorläufer unserer heutigen Währung. Einige dieser Tonplatten sind uns bis heute erhalten geblieben. Diese Tonplatten waren die erste Art, wie man Werte – in dem Fall Korn – über längere Zeit speichern und später wieder abrufen konnte. Und jeder konnte sie „herstellen". Sie waren die ersten „sachwertgedeckten" Währungen.

Nach dem gleichen Prinzip legen wir heute Lebensmittel in einen Gefrierschrank, um sie nach Wochen oder Monaten wieder herauszunehmen. Wichtig bei einem solchen Speicher ist jedoch, dass der Inhalt dabei möglichst nicht weniger wird oder zumindest nicht verdirbt. Auch soll ein Stromausfall den Vorrat nicht gefährden und es soll sich auch niemand an Ihrem Kühlschrank bedienen, sprich, etwas daraus klauen.

Man versucht dabei also, Werte – in dem Fall die Lebensmittel – im wahrsten Sinne des Wortes einzufrieren, um sie Monate oder Jahre später wieder „aufzutauen". Nämlich genau dann, wenn man sie essen möchte. Sei es in Zeiten der Not oder wenn man einfach nur hungrig ist.

Und dasselbe machen wir mit unserem Geld. Wir arbeiten, schaffen damit Werte und wollen diese Werte speichern, um sie irgendwann wieder abzurufen. Sei es in Zeiten der Not oder wenn man sich einfach etwas kaufen möchte. Das ist das Grundprinzip des Wertespeichers.

Wie viele Möglichkeiten gibt es nun, Geld bzw. Werte zu speichern?

Meine Frage an Sie (und wenn Sie die Überschrift zu diesem Kapitel aufmerksam gelesen haben, wissen Sie die Antwort): Wie viele Möglichkeiten gibt es heute, Werte (= Ihre Arbeitsleistung = Ihr Geld) zu speichern?

Es gibt nur fünf Möglichkeiten, seine Werte zu speichern. Auf diesen fünf Möglichkeiten basieren jedoch tausende von unterschiedlichsten Finanzprodukten, die es dem Anleger sehr erschweren, den Überblick zu behalten. Wenn man jedoch die Grundprinzipien kennt, wird Anlegen relativ einfach und man kann sich sehr gut strukturieren und finanziell aufstellen. Und vor allem wird man sich der einzelnen Stärken und Schwächen – und somit auch der Gefahren – der einzelnen Speichermöglichkeiten bewusst.

Die Tatsache, dass es eben nur diese fünf Möglichkeiten (bis auf wenige ganz spezielle Arten wie Oldtimer und Kunst sowie in neueren Zeiten Kryptowährungen) gibt, macht es uns sehr einfach, Produkte zuzuordnen und ein passendes Konzept für unser Geld zu entwerfen. Der Nachteil dabei ist jedoch, dass es eben nur diese fünf Möglichkeiten gibt, was in extremen Krisensituationen eine starke Einschränkung darstellt.

Ich werde später etwas zu den Risiken der einzelnen Möglichkeiten sagen. Sehen wir uns zuerst die fünf Geldspeicher im Detail an:

Geldspeicher 1 – Bargeld

Die erste Möglichkeit, Werte zu speichern, ist Bargeld. Wenn Sie vor einem Jahr Bargeld von Ihrem Konto abgehoben haben, können Sie heute immer noch davon Lebensmittel kaufen. Es hat sich auch in Krisenzeiten meistens bewährt (außer bei einer Hyperinflation oder einer Währungsreform, was eine große Schwachstelle ist).

Wenn es zu einer Krise kommt, wird automatisch mehr Bargeld abgehoben (ein Grund, warum Regierungen als erstes Bankomaten sperren, wenn es hart auf hart kommt; siehe Zypern 2013). Etwas in Händen zu halten, zum Beispiel Bargeld oder Toilettenpapier, gibt den Menschen ein Gefühl der (scheinbaren) Sicherheit.[10]

Sicher ist sicher, was ich habe, das habe ich. Man versteckt das Bargeld sprichwörtlich unter der Matratze (oder in einem Tresor) und „friert" es auf diese Art quasi ein. Bei Bedarf wird es „aufgetaut", also unter der Matratze hervorgeholt.

[10] Das ist auch der Grund, warum Menschen in der Corona-Krise zuerst Toilettenpapier aufgekauft haben. Es ist voluminös, groß und gibt ein Gefühl der Sicherheit. Man hat "viel" in den Händen.

Geldspeicher 2 – Schulden

Die zweite Möglichkeit, Werte zu speichern, sind Schulden. Sie fragen sich jetzt vielleicht, was damit gemeint ist: *„Werte in Schulden speichern?"* Ein Beispiel: Sie verleihen jemandem – etwa einem Freund, einem Unternehmen oder einer Bank – Ihr Geld und hoffen, es in einem Jahr zurückzubekommen. Damit haben Sie Ihr Geld für ein Jahr „eingefroren" und sozusagen bei einer anderen Person oder einem Unternehmen „gespeichert". Das Geld gehört nicht mehr Ihnen, sondern der anderen Person.

Der Rechtsbegriff beschreibt es uns genauer: Derjenige, dem Sie Ihr Geld leihen, ist der „Schuldner". Er „schuldet" Ihnen das Geld. Sie hingegen sind der „Gläubiger". Sie glauben, dass Sie Ihr Geld zurückbekommen.

Das ist kein Wortspiel! Der Rechtsbegriff des Gläubigers ist eine Lehnübersetzung des italienischen creditore, was von credere ‚glauben' abgeleitet ist. Ein Gläubiger „glaubt" demnach seinem Schuldner, dass dieser die Schuld (die geschuldete Leistung) erbringen wird.[11]

wikipedia.org

Natürlich ist dieses Geschäft ein Risiko. In der Zwischenzeit kann viel passieren, was dazu führt, dass der Schuldner Ihnen Ihr Geld nicht zurückzahlen kann. Für genau dieses Risiko und den einjährigen Verzicht auf Ihr Geld, erhalten Sie einen Zins. Das ist ein grundsätzliches Investment-Prinzip:

- **Risiko wird mit einer Gewinnaussicht / einem Gewinnversprechen belohnt.**
- **Je höher das Risiko, desto höher ist der potenzielle Gewinn … aber auch der potenzielle Verlust.**

Vereinfacht kann gesagt werden: Zins ist der Preis für Risiko.

Bitte merken Sie sich diese Aussage! Jedes Mal, wenn Sie für etwas „Zinsen" erhalten, werden Sie für ein Risiko entlohnt. Je weniger Zins, desto geringer das Risiko. Je höher der Zins … Sie verstehen, was ich meine.

Doch zurück zu den Schulden.

---

[11] https://de.wikipedia.org/wiki/Gläubiger

Was sind Investments in Schulden?

Wir haben gesagt, dass der zweite Wertspeicher „Schulden" sei. Wenn Sie Geld auf Ihr Bankkonto einzahlen, dann leihen Sie der Bank das Geld. Dieses geliehene Geld ist zwar laut ihrem Kontoauszug immer auf Ihrem Konto, aber in Wirklichkeit wird es dort nur *angezeigt*.

In Wirklichkeit hat Ihr Geld das Konto längst verlassen, denn die Bank „arbeitet" damit. Wie sonst könnte sie Ihnen Zinsen zahlen? Würde das Geld einfach auf dem Konto bleiben, könnte es nicht „arbeiten" und keine Gewinne erzielen. Es muss also „weg" sein und „arbeiten". Natürlich „arbeitet" es nicht wirklich – es wird an andere verliehen, damit diese Gewinne für die Bank erwirtschaften. Aber das ist ein anderes Thema.

Achtung: Was ich Ihnen jetzt sagen werde, mag wie Haarspalterei klingen. Wie Kleinkrämerei. Sie könnten sagen: „Hey, komm, hör' auf mit der Korinthenkackerei!" Ja, das könnte ich … aaaber: Es geht nicht. Das ist wichtig.

In dem Moment, wo Sie Geld auf die Bank einzahlen, auch auf „Ihr" Konto (gehört ja nicht Ihnen, sondern der Bank), ab diesem Moment … gehört das Geld der Bank.

Die Bank schuldet es Ihnen. Ja.

Aber es ist nicht mehr Ihr Geld.

War Ihnen das bewusst?

Die Bank ist der Besitzer des Geldes. Sie schuldet Ihnen das Geld. Die Bank ist der Schuldner. Sie hingegen sind der Gläubiger. Sie glauben, dass Sie das Geld zurückbekommen werden.

Tja, was wie eine Rechtsspitzfindigkeit klingt ... ist auch tatsächlich eine, wenn man in die Bilanzen der Bank schaut. Ihre Einlagen, Ihr Geld, das Sie einzahlen, wird in der Bank als Verbindlichkeit (= Schulden) verbucht. Wenn Ihnen die Bank Kredite gibt, werden diese hingegen als Guthaben (für die Bank) verbucht.

Bitte halten Sie an dieser Stelle inne und denken darüber nach.

Um es Ihnen leichter zu machen, stellen Sie sich folgende Situation vor: Sie leihen einer Freundin 1.000 Euro. Wem gehören diese 1.000 Euro? Ihnen oder der Freundin? Der Freundin. Ihre Freundin „schuldet" Ihnen das Geld zwar, aber in dem Moment, wo Sie es der Freundin gegeben haben, ist es das Geld der Freundin geworden.

Der Beweis? Wenn sich die Freundin mit „Ihrem" Geld ein Mobiltelefon kauft, wem gehört dieses Mobiltelefon? Ihnen oder der Freundin? Richtig. Der Freundin.

Und dasselbe gilt für die Bank.

Wenn Sie Bargeld auf der Bank einzahlen, wird das Geld im Moment der Einzahlung zum Besitz der Bank! Sie haben es in diesem Moment tatsächlich verliehen und die Bank sitzt auf Ihrem Geld. Sie „besitzt" es. Das ist aber noch nicht alles.

Die Bank ist Ihr Schuldner. Sie sind der Gläubiger. Sie wissen, was Gläubiger bedeutet: Sie glauben, dass Sie Ihr Geld zurückbekommen. Die meisten Menschen gehen davon aus, dass Sie es auf jeden Fall zurückbekommen, was ein sehr großer Irrglaube ist (wenn man sich die Gefahr Nr. 8 – Einlagensicherung ansieht).

Noch einmal: Wenn Sie Geld auf ein Bankkonto legen oder in eine Lebensversicherung einzahlen, **gehört das Geld nicht mehr Ihnen! Sie sind nicht mehr der Eigentümer. Ihr Geld ist in das Eigentum der Bank oder Versicherung übergegangen, im Austausch für einen Schuldschein. Die Bank oder Versicherung schuldet Ihnen das Geld, aber Sie besitzen es nicht mehr. Die Bank oder Lebensversicherung ist nun der Besitzer.**

Die Bank/Versicherung muss es Ihnen laut Vertrag auch wieder zurückzahlen (mit einigen kleinen Ausnahmen Gefahr Nr. 8 – Einlagensicherung und Gefahr Nr. 9 – SAG). Sie haben es der Bank (oder der Versicherung) geliehen und Sie sind ein Gläubiger. Die Bank oder die Versicherung ist Ihr Schuldner.

Bitte bedenken Sie: **Jede Lebensversicherungspolice, jeder Bausparvertrag, jedes Sparbuch, jedes Girokonto, jede Staats- oder Unternehmensanleihe ist in Wirklichkeit ein Schuldschein.** Es gibt einen Schuldner, der Ihnen das Geld schuldet, welches Sie ihm geliehen haben. Und es gibt den Gläubiger, der glaubt, dass er sein Geld zurückbekommt. Das sind Sie. Also der Schuldner schuldet das Geld, und der Gläubiger glaubt dann, dass er es zurückbekommt. Das ist eine ganz entscheidende und wichtige Erkenntnis. Geld auf der Bank ist verliehenes Geld. Immer mit dem Risiko behaftet, dass es nicht zurückgezahlt werden kann.

Vergessen Sie niemals: Immer dann, wenn Sie Zinsen erhalten (sollten), haben Sie in Schulden investiert!

Kennen Sie den „Schmerz des Gläubigers"?

Vor der Krise glaubt man, dass man sein Geld zurückbekommt.
Während der Krise hofft man, dass man es zurückbekommt.
Nach der Krise ist man über jeden Cent froh, den man überhaupt noch zurückbekommt.

Stellen Sie sich Folgendes vor: Sie leihen einem Freund 500 Euro. Er schuldet Ihnen nun das Geld. Was passiert mit diesen Schulden, wenn er es nicht zurückzahlen kann? Richtig, es ist weg. Ja, Sie können versuchen, ihn zu verklagen und rechtlich gegen ihn vorzugehen. Aber wenn er das Geld nicht hat, können Sie es nicht aus ihm herausquetschen. Und jetzt stellen Sie sich vor, Sie leihen ihm morgen 500.000 Euro.

Was, wenn er es in diesem Fall nicht zurückzahlen kann? Richtig, es ist genau das gleiche wie mit den 500 Euro. Es ist dieselbe Prozedur. Das Geld ist zuerst einmal weg. Ob sie zurückbekommen oder nicht, bleibt ein großes Fragezeichen.

OK. Und jetzt die große Preisfrage: Was ist der Unterschied, wenn Sie Ihrem Freund oder einer Bank die 500.000 Euro leihen (indem Sie das Geld etwa auf dem Bankkonto herumliegen haben)? Die Antwort? Keiner. Wenn die Bank pleite ist, ist das Geld weg. Ja, es gibt noch die Einlagensicherung, auf die ich später noch zu sprechen komme (Gefahr Nr. 8). Aber grundsätzlich ist Ihr Geld einmal weg. Es gehört ja ohnehin nicht mehr ihnen, sie halten nur noch einen Schuldschein in Händen.

Es hat ja ab dem Moment aufgehört, Ihnen zu gehören, als Sie es auf das Konto eingezahlt haben. Was sind nun solche Investments in Schulden?

- Geld auf dem Sparbuch/Sparkonto
- Geld auf dem Girokonto
- Bausparverträge
- Kapitallebensversicherungen
- Rentenversicherungsverträge
- Anleihen und Rentenfonds
- und vieles, vieles mehr.

Vereinfacht gesagt: **Alles, worauf Sie Zinsen bekommen, sind Investments in Schulden.** Sie müssen sich dessen bewusst sein, dass dieses Geld nicht mehr Ihnen gehört und Sie für das Leihen dieses Geldes eine Risiko-Entschädigung in Form von Zinsen bekommen.

Dieses Geld ist in der Vergangenheit praktisch jedes Mal, wenn es zu einem System-Crash gekommen ist, praktisch zur Gänze ausradiert worden. Obwohl es den Anschein der Sicherheit erweckt, wird es bei einem (System-) Crash – vor allem für die kleinen Anleger – zu den höchsten Verlusten führen.

Geldspeicher 3 - Unternehmen

Die nächste Art, Werte zu speichern, ist, sich an einem Unternehmen zu beteiligen oder ein eigenes Unternehmen zu gründen. Die Beteiligung an einem Unternehmen erfolgt in der Regel durch den direkten Kauf von Aktien oder Geschäftsanteilen. Sie können allerdings auch Investmentfonds kaufen und so indirekt in Aktien investieren.

Sie können auch Anteile an Maschinen, Gebäuden, Patenten o.ä. erwerben. Wenn die Unternehmen Gewinne erwirtschaften, bekommen Sie in der Regel einen Anteil daran: eine sogenannte Gewinnausschüttung.

Sie wissen es ja bereits: Jedes Mal wenn Sie einem Dritten Geld zur Verfügung stellen, als Kredit oder hier als Beteiligung, gehen Sie ein Risiko ein und erhalten für ebendieses Risiko eine entsprechende „Entschädigung". Bei Schulden-Investments heißen diese Entschädigungen „Zinsen", bei Aktien sind es „Dividende". Aber es bleibt immer ein Risiko.

Risiko bedeutet daher auch immer, dass Sie Verluste machen können. Das Risiko bei Unternehmen bzw. bei Unternehmensbeteiligungen besteht darin, dass Verluste erwirtschaftet werden oder, in letzter Konsequenz, dass das Unternehmen sogar insolvent wird, also pleitegeht.

Aber es gibt auch Vorteile. Als Aktienbesitzer, auch wenn Sie nur eine einzige Aktie eines Unternehmens halten, besitzen Sie einen winzigen Teil dieses Unternehmens. Und damit besitzen Sie einen **Sachwert**.

Ihnen gehört eine Sache, etwas Handfestes, etwas, dass angreifen und berühren können. Vor allen Dingen können Sie es selbst kontrollieren. Sie können es dann, wenn Sie wollen, an- und verkaufen. Es ist ein Speicher, den Sie – mit hoher Wahrscheinlichkeit – auch in vielen Jahrzehnten noch abrufen können.

Der große Vorteil eines Sachwertes ist, dass er in vielen Fällen auch einen Systemcrash überleben kann. Ja, wenn Sie in eine Firma investieren, die während einer Krise pleitegeht, ist Ihr Geld weg. Das Gleiche gilt aber auch, wenn Ihr Geld auf dem Bankkonto liegt und die Bank in Konkurs geht. Aber wenn Sie in ein solides Unternehmen investiert haben, welches solche schweren Zeiten überwinden kann, haben Sie auch Teile Ihres Vermögens durch diese schweren Zeiten gerettet. Das ist der große Vorteil von Sachwerten.

Geldspeicher 4 - Immobilien

Immobilien sind die vierte Möglichkeit, Werte zu speichern. Sie zählen ebenfalls zu den Sachwerten. Immobilienbesitz hat viele Varianten: Gewerbeimmobilien, Eigenheime, Grund und Boden, landwirtschaftliche Nutzflächen, Spezialimmobilien wie Einkaufszentren, eine vermietete Eigentumswohnung und vieles mehr.

Durch den Eintrag ins Grundbuch werden Sie zum Eigentümer dieser Immobilie. Und so wie bei Unternehmen auch, können Immobilien im Wert steigen oder fallen. Im Falle einer Vermietung bekommen Sie im Regelfall eine laufende Mieteinnahme.

Auch hier gibt es entsprechende Risiken, wie Mietausfall, anfallende Renovierungskosten, Entwertung[12] usw., die sich negativ auf die Gewinne auswirken. Sie sind jedoch (wie Unternehmen) ebenso ein sehr guter und sicherer Wertespeicher mit historischer Erfolgsbilanz. Natürlich gibt es auch hier Einiges, das man berücksichtigen muss. Wir gehen in Gefahr Nr. 5 noch im Detail darauf ein. Wir werden etwas später noch genauer auf Immobilien und einen ganz besonderen Wertespeicher dabei eingehen.

Geldspeicher 5 - Rohstoffe

Rohstoffe sind der fünfte Wertespeicher und ein weiterer Sachwert. Rohstoffe sind, vereinfacht gesagt, alles, was in und auf unserer Erde vorkommt: Es handelt sich dabei um Gold, Silber, Platin, Erdöl oder Edelsteine, um nur die Wichtigsten zu nennen.

Natürlich gibt es Rohstoffe, die als Wertespeicher besser geeignet sind (z.B. Gold, Silber oder Edelsteine) und solche, die weniger geeignet sind (wie Erdöl oder Kupfer, in erster Linie wegen der logistischen Schwierigkeiten, den Speicherproblemen, des Volumens und der Steuer). Eine Million Euro in Kupfer wiegt etwa 200 Tonnen. Eine Million Euro in Gold wiegen etwa 25 Kilogramm. Eine Million Euro in hochwertigen Rubinen wiegen nur ca. 14 Gramm. Dieses nennt man Wertdichte, und je nach Rohstoff variiert diese sehr.

Es gibt Rohstoffe, die als Wertespeicher (Investment) besser geeignet sind als andere. Auch unterliegen Sie natürlich Wertschwankungen. Das Risiko eines Totalverlustes ist jedoch praktisch nicht gegeben. Der Wert von Gold, Silber oder Edelsteinen ist im Verlauf der Geschichte nie auf Null gefallen und hat nach einiger Zeit immer seinen ursprünglichen Wert erreicht und übertroffen.

Sie lagern ein Kilogramm Gold oder einen hochwertigen Rubin in einem Tresor und öffnen diesen in 50 Jahren. Das Gold und der Rubin werden immer noch einen Wert haben, vermutlich weit höher als heute. Wie übrigens auch die 200 Tonnen Kupfer.

---

12 Z.B. bauliche Maßnahmen in der Nachbarschaft, Umwidmungen, Änderungen im Bebauungsplan, und ähnliche Maßnahmen, die den Wert der Immobilie und des Grund und Bodens mindern.

Zusätzliche Wertespeicher

Es gibt noch einen Wertespeicher, der nicht erwähnt wurde, da er eher in die Kategorie „Liebhaberei" und „Spekulation" gehört: Sammlerstücke. Ich spreche von Oldtimern, Kunst, Überraschungseiern, usw.

Sammlerstücke sind als Wertespeicher verhältnismäßig jung (knapp 100 Jahre, bei Bildern auch älter), können jedoch eine sehr gute Erfolgsbilanz aufweisen. Die Chancen stehen sehr gut, dass sich Menschen auch in 100 Jahren für Kunst oder Oldtimer interessieren werden. Das Problem hierbei ist eher der hohe Wartungs- bzw. Erhaltungsaufwand und das zwingend erforderliche, sehr umfangreiche Fachwissen.

Neue Anlageform Kryptowährungen?

Ressourcen

Ich werde immer wieder von Enthusiasten darauf hingewiesen, dass in meiner Liste Kryptowährungen (insbesondere Bitcoin) fehlen. Kryptowährungen gibt es erst seit 2009. Es ist mehr als fraglich, ob es sie in den nächsten 100 Jahren in dieser Form noch geben wird. Auch Bitcoin. Es ist eine neue Form, Geld zu speichern, für die es noch sehr wenige Erfahrungswerte gibt. Daher sind sie als Wertespeicher aus meiner Sicht nicht unbedingt zu empfehlen und gelten eher als Spekulationsobjekt. Natürlich ist es das Ziel von Kryptowährungen, langfristig im Markt zu bestehen und ein Gegenpol bzw. eine Ergänzung des konventionellen Währungssystems zu werden. Was jedoch fehlt, sind langfristige Erfahrungswerte, die bei Grund und Boden, Gold oder Edelsteinen seit Jahrhunderten vorhanden sind.

Die Zeit wird es letztlich zeigen. Ich persönlich besitze Bitcoin, aber nicht als langfristige Anlage, sondern als Spekulation – mit der Absicht, damit Gewinne zu erzielen.

Fazit

Da Sie jetzt die fünf übergeordneten Geldspeicher kennen, ist es entscheidend, Klarheit über Ihre bestehenden Anlagen zu gewinnen. Im Ressourcenbereich[13] finden Sie eine ausführliche Anleitung

[13] https://markusdan.com/gefahren-ressourcen

sowie ein Arbeitsblatt, das Ihnen dabei hilft, Ihre aktuelle finanzielle Situation zu analysieren und mögliche Risiken zu erkennen.

Diese Übung ist unerlässlich, um einen fundierten Überblick darüber zu erhalten, in welche Risiken Sie tatsächlich investiert sind und wie stabil Ihr Vermögen aufgestellt ist. Viele Menschen glauben, diversifiziert zu sein, sind es in Wahrheit aber nicht. Durch diese Analyse können Sie Schwachstellen identifizieren, gezielt gegensteuern und Ihr Vermögen strategisch so ausrichten, dass es nicht nur sicherer, sondern auch widerstandsfähiger gegenüber zukünftigen Herausforderungen wird.

Nehmen Sie sich die Zeit, diese Übung gewissenhaft durchzuführen. Sie ist ein entscheidender Schritt, um Ihr Vermögen langfristig zu schützen und eine nachhaltige, stabile Struktur aufzubauen.

Gefahr Nr. 4 – Den größten Teil Ihres Vermögens auf die Schulden-Karte setzen

Die Erkenntnis aus der Analyse der eigenen Vermögenswerte (Siehe Ressourcenbereich Gefahr Nr. 3) ist oft ernüchternd. Deutschland ist ein Land der Sparer und kein Land der Investoren. Man ist gewohnt, auf Zinsen zu setzen und damit vielfach unbewusst in Schulden zu investieren. Viele Menschen erkennen erst hier, dass sie einen Großteil Ihres Vermögens in Schulden investiert haben. Dazu gehören Sparbücher, Bausparverträge, Kapitallebensversicherungen oder Anleihen, also alles, was Zinsen abwirft.

Das Problem dabei ist, dass der Speicher „Schulden" spätestens seit 2011 nicht mehr funktioniert. Warum gerade dieses Jahr? Weil deutsche Staatsanleihen, Sparbücher, usw. seit 2011 weniger Zinsen abwarfen als die Inflation. Die Inflationsrate 2011 in Deutschland betrug 2,15 %.[14] Das bedeutet, dass Sie ab diesem Jahr immer weniger mit Ihrem Geld kaufen können, obwohl die absoluten Beträge auf Ihren Konten um die erwirtschafteten Zinsen angewachsen sind.

statista.com

Sie kennen vermutlich aus Ihrer Jugend den Ausspruch, dass man mit einer Million D-Mark ausgesorgt hat. Anfang der 1980er Jahre waren die Leitzinsen der Deutschen Bundesbank oft über 10 %. Das sind 100.000 D-Mark nur an Zinsen und natürlich konnte man damals damit wirklich gut leben.

Heute können Sie von solchen Zinsen nur noch träumen. Selbst wenn Sie heute zwei Million Euro hätten (was etwa – inflationsbereinigt – 1,4 Mio. 1980-er-D-Mark entspräche) kommen Sie mit Zinsen nicht weit. 2,4 % bei einem Jahr Festgeld entspricht gerade mal 24.000 Euro pro Jahr, 2.000 Euro pro Monat. Naja, viel Spaß damit.

[14] https://de.statista.com/statistik/daten/studie/4917/umfrage/inflationsrate-in-deutschland-seit-1948

Warum ist es heute also gefährlich, in Schulden zu investieren?

Weil jene Unternehmen (Banken, Versicherungen), denen Sie Ihr hart verdientes Geld anvertrauen, so gut wie keine Gewinne mehr damit erwirtschaften können!

Lebensversicherungen haben vom Staat fix vorgegebene Anlagerichtlinien. Sie müssen annähernd die kompletten Kundengelder in vermeintlich sichere Schuldtitel investieren. Die Altersvorsorge sollte ja sicher sein. Das war vor 50 Jahren auch eine sehr gute Idee, als noch Zinsen erwirtschaftet wurden.

Renditen 10jähriger Staatsanleihen europäischer Staaten und USA
Quelle: FOCUS Online[15]

focus.de

Das Problem dabei ist, dass auch Lebensversicherungen somit gezwungen waren (und es heute noch sind) in Schulden zu investieren. Damit Versicherer jederzeit ihre zugesagten Verpflichtungen erfüllen können, investieren Versicherungen überwiegend in sichere Kapitalanlagen mit langfristig planbaren Zinserträgen. Das ist ein Investment in Schulden, welches jedoch in der Fachsprache als „Rentenanlage" bezeichnet wird.

[15] https://www.focus.de/finanzen/boerse/geldanlage/altersvorsorge-in-besonders-schwierigen-zeiten_id_79686686.html

Diese Rentenanlagen machen vier Fünftel des gesamten Anlagevolumens aus. Lediglich 20 % entfallen auf Investitionen mit etwas höheren Risiken bzw. weniger gut kalkulierbaren Erträgen. Das bedeutet, dass 80 % der Investments einer Lebensversicherung so gut wie keine Zinsen mehr erwirtschaften! Und diejenigen, die Gewinne erwirtschaften, sind in hochriskante (etwa griechische) Staatsanleihen investiert! Das gleiche Problem haben auch Banken, Pensionskassen und andere, die hauptsächlich von Zinserträgen leben.

Auf die Frage, ob und unter welchen Bedingungen es wieder Zinsen geben kann, werden wir in Gefahr Nr. 6 – Warum es keine echten Zinsen mehr geben wird, im Detail eingehen. Das Ergebnis? Lebensversicherungen können die in den Versicherungspolicen prognostizierten Ablaufleistungen nicht mehr erwirtschaften. Die jährlich an die Kunden versendeten voraussichtlichen Ablauf-Laufleistungen/Gewinnprognosen weisen seit vielen Jahren stark fallende Werte aus. Die meisten Leute haben in den letzten 10 Jahren effektiv Geld verloren, wenn Sie es in eine Kapitallebensversicherung eingezahlt haben! Siehe Gefahr Nr. 1.

Und Banken? Die Zinserträge bei Banken auf Sparbüchern und Festgeldern kompensieren seit zehn Jahren die Inflation nicht mehr (siehe Gefahr Nr. 7 – Sein Geld nicht vor dem Zugriff des Staates schützen).

focus.de

Inflation

Inflation bezeichnet in der Volkswirtschaftslehre eine allgemeine und anhaltende Erhöhung des Preisniveaus von Gütern und Dienstleistungen, gleichbedeutend mit einer Minderung der Kaufkraft des Geldes.

Die Zeitschrift „Focus" hat einen lesenswerten Artikel zum Thema „Inflationslüge".[16] Nach dem Lesen des Artikels wird klar, dass das Problem „gemessene Inflation" nicht mit der „wahren Inflation" (oder gefühlten) Inflation übereinstimmt. Die gemessene

[16] https://www.focus.de/finanzen/news/preise-irrtum-1-der-warenkorb_id_3441911.html

Inflation wird vom Staat weit geringer angegeben, als die tatsächliche. Warum?

Ein Zitat des berühmten britischen Ökonomen John Maynard Keynes (1883–1946) dürfte es auf den Punkt bringen: „Mit dem kontinuierlichen Prozess der Inflation kann der Staat heimlich und unbeachtet einen großen Teil des Reichtums seiner Bürger konfiszieren. Mit dieser Methode können die Regierungen nicht nur konfiszieren, sondern willkürlich konfiszieren. Der Prozess stellt alle verborgenen Kräfte der ökonomischen Gesetze in den Dienst der Zerstörung, und er macht es auf eine Art und Weise, die nicht einer aus einer Million Menschen zu erkennen vermag."

statista.com

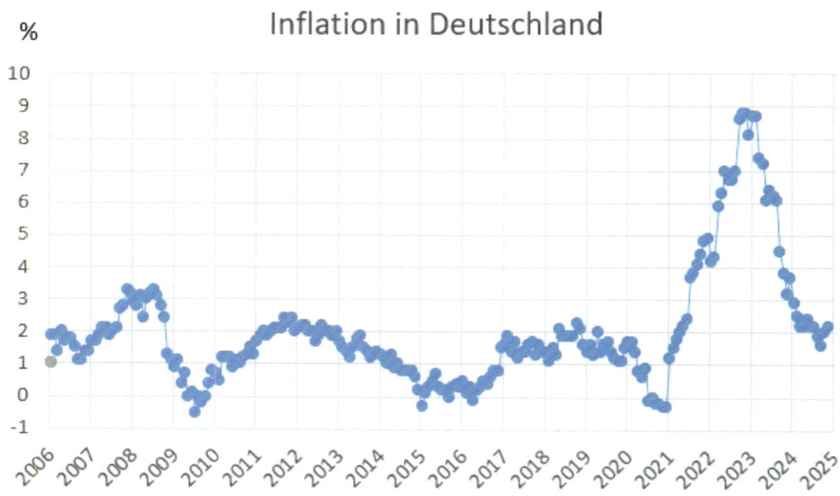

Inflationsrate in Deutschland von 1950 bis 2023
Quelle: Statista[17]

Fazit

Ziehen Sie Ihr Kapital aus den Schulden ab und investieren Sie es in generationsübergreifende Sachwerte. Nur so kann es sicher erhalten werden. Alles andere ist Spekulation oder Ignoranz.

[17] https://de.statista.com/statistik/daten/studie/4917/umfrage/inflationsrate-in-deutschland-seit-1948

Gefahr Nr. 5 – Nicht wissen, dass Immobilien ein Geschäft und keine Anlagen sind

Wer kennt ihn nicht, den Traum vom Eigenheim? Insgesamt verfügen in Deutschland rund 19 Millionen Haushalte (48 %) über Haus- und Grundbesitz, also etwa jeder zweite Deutsche. Ein eigenes Heim steht für Sicherheit, Stabilität, Werterhalt.

„Aber Markus, du willst mir doch nicht einreden, dass Immobilien unsicher sind, oder?" Immobilien sind relativ sicher und eine gute Anlage, wenn man weiß, was man tut und sich des Risikos bewusst ist. Was meine ich damit?

Anlage und Verpflichtung

Kennen Sie den Unterschied zwischen einem **Anlage-Gegenstand und einer (finanziellen) Verpflichtung**? Wenn Sie ein Eigenheim oder ein Haus besitzen, was ist das? Ist es eine Anlage oder eine Verpflichtung? Die meisten Immobilienbesitzer sehen es als eine Anlage. Die Wahrheit jedoch ist, dass man es sich leisten können muss, in einem Haus zu leben. Warum?

Ein Anlage-Gegenstand erwirtschaftet Ihnen Geld. Eine Verpflichtung kostet Sie Geld.

Meine Frage an Sie: Das Haus oder die Wohnung, die Ihnen gehört und in der Sie leben … erwirtschaftet diese Ihnen einen Ertrag oder KOSTET es Sie Geld?

Was ist mit Renovierung und Instandhaltung, Rücklagen, Müllgebühren, Straßenreinigung, Grundsteuern, Schornsteinfeger und anderes? Sehen Sie, darum ist **die eigene Immobilie eine Verpflichtung und keine Anlage**. Es kostet Sie Geld, damit Sie Ihre Wohnung oder Ihr Haus, auch wenn es Ihr Eigentum ist, behalten können. Allerdings, wenn Sie eine Wohnung oder ein Haus besitzen, diese vermieten, die Mieteinnahmen sämtliche Kosten abdecken, Sie Reserven bilden können UND immer noch Gewinn erwirtschaften, DANN ist diese Wohnung ein Anlageobjekt.

Zu diesen Kosten gehören aber nicht nur die laufenden Kosten und etwaige Kreditrückzahlungen, sondern auch die Bildung von Rücklagen für Renovierungen und mögliche Risiken (wie z.B. einem Mietausfall), Verwaltungs- und Bearbeitungskosten, Steuern und einiges mehr. Die traurige Wahrheit ist: Ein solches profitables Konstrukt aufzubauen gelingt nur einem Bruchteil der Vermieter! Warum? Weil es schwierig ist, die möglichen Risiken über die oft jahrzehntelange Anlagedauer richtig einzuschätzen.

Risiken von Immobilien und Mietobjekten

Es gibt eine Menge Risiken, denen sich die meisten Immobilienbesitzer nicht bewusst sind. Versteckte und teils unbekannte Kosten müssen ebenso kalkuliert werden. Aber das können nur Profis! Was sind diese Risiken bzw. versteckten Kosten?

(1) Preissturz oder Preisstagnation

Wenn Sie die Immobilie verkaufen möchten/müssen, könnte es passieren, dass zu dem Zeitpunkt nicht der Preis erzielt werden kann, den man sich für eine gute Rendite vorstellt. Da Immobilien in den meisten Fällen finanziert werden, kann es also vorkommen, dass die Restschuld im schlimmsten Fall den Verkaufswert übersteigt. Damit bleiben Sie auf einem Schuldenberg sitzen, den Sie dann jahrelang abbezahlen müssen.

(2) Vorzeitige Kreditrückforderung

Wenn Sie eine Immobilie beispielsweise mit nur 10 % Eigenkapital finanzieren, der Immobilienmarkt aber um 15 % einbricht, wird die Bank auf Sie zukommen und zusätzliche Sicherheiten fordern, die Zinsen erhöhen oder den Kreditbetrag vorzeitig zurückfordern. Das Gleiche wäre denkbar, wenn Sie unerwartet arbeitslos werden oder Ihre Einnahmequelle verlieren. Im schlimmsten Fall droht die Zwangsversteigerung Ihrer Immobilie, die in der Regel mit extrem hohen persönlichen, finanziellen Einbußen verbunden ist.

(3) Liquiditätsbedarf

Mit dem Kauf einer Immobilie speichern Sie Ihr Geld in einem immobilen Sachwert, für den es auch keinen geregelten Preis gibt. Angebot und Nachfrage bestimmen den Wert. Sollte man aus persönlichen Gründen plötzlich auf das Kapital, das in der Immobilie gebunden ist, angewiesen sein, kann das zu Vermögensverlusten führen.

(4) Zinserhöhung

Es kann passieren, dass nach Ablauf der Zinsfestschreibung höhere Zinsen zu bezahlen sind. Das kann, je nach Restschuld, mehrere hundert Euro Zusatzbelastung im Monat ausmachen. Im Extremfall führt es zu einem Zwangsverkauf der Immobilie.

(5) Mietausfall

Es ist nicht unrealistisch, dass die Suche nach einem neuen, potenten und geeigneten Mieter mehrere Monate in Anspruch nehmen kann. Ein hoher Wohnungsleerstand kann zusätzlich die Suche erschweren (ein Leerstand ab 10 % wird bereits als hoch angesehen).

(6) Mietnomaden

Mietnomaden sind Mieter, die von vornherein nicht die Absicht haben, Miete zu zahlen und später, oft erst nach einer Räumungsklage oder auch Hals über Kopf, weiterziehen, ohne die Mietschulden zu begleichen. Die Kosten eines solchen Mietnomaden können mehrjährige Mietverluste bedeuten, oft verbunden mit Renovierungskosten und Anwaltskosten. Ein einziger Mietnomade kann ausreichen, um die Gewinne einer Immobilie, die in 10 Jahren erwirtschaftet wurden, zu vernichten und sogar ins Negative zu drücken. Das Risiko ist real und es gibt dagegen keinen hundertprozentigen Schutz.

(7) Aufwand

Eine Immobilie zu kaufen und zu vermieten, ist mit hohem Aufwand verbunden. Sie müssen jährlich eine Nebenkostenabrechnung erstellen, Einnahmen und Ausgaben immer gut im Auge behalten, Buch führen und am Ende des Jahres die Zahlen in der Steuererklärung angeben. Daneben müssen Sie Rücklagen bilden, die Wohnung instand halten, Reparaturen durchführen und bei der Kündigung des Mieters einen neuen Mieter finden und vieles mehr.

(8) Zwangshypothek

Eine Zwangshypothek ist eine Forderung des Staates gegenüber dem Immobilienbesitzer, die in das Grundbuch eingetragen wird. Wenn eine Zwangshypothek in Höhe von bspw. 30 % des Immobilienkaufpreises festgesetzt wird, führt das zu einer erheblichen Belastung. Für viele Investoren würde das zu negativen Renditen führen. Die Auswirkung ist also fatal.

Wie hoch ist die Wahrscheinlichkeit für eine Zwangshypothek? Zuletzt wurde in Deutschland im Jahr 1952 eine Zwangshypothek durch das Lastenausgleichsgesetz[18] auferlegt. Das Gesetz war das Resultat der Währungsreform von 1948 und hat dazu geführt, dass auf schuldenfreien Grundbesitz in Deutschland eine Zwangshypothek in Höhe von 50 % des Grundstückswertes eingetragen wurde. Es gibt dagegen keinen Schutz oder die Möglichkeit des Einspruchs.

bgbl.de

Da in den letzten Jahrzehnten Deutschland extrem hohe Schuldenberge angehäuft hat, die auch bei dauerhaft niedrigen Zinsen nicht mehr zurückgezahlt werden können, könnten steigende Zinsen zum Staatsbankrott führen. Um sich dann zu entschulden, hat der Staat nur wenige Werkzeuge und Methoden zur Verfügung, darunter stellt die Zwangshypothek eine denkbare Option dar. Daher ist die Wahrscheinlichkeit für das Eintreten dieses Szenarios heute weit höher als noch vor 20 Jahren.

(9) Diktat von Mietpreisen

Das Reichsmietengesetz vom 24. März 1922 wurde nach der Verabschiedung mehrfach geändert und zwang Vermieter im Zuge der großen Depression in den 1930er Jahre zu Mietsenkungen von 10 % bis 20 %. „Das ist doch 100 Jahre her", sagen Sie?

Berlin hat im Februar 2020 durch das „Berliner Mietendeckel-Gesetz" eine Mietpreiserhöhung verboten. Sie müssen damit rechnen, dass in Zeiten einer größeren Rezession der Staat alles tun wird, um einen Bürgeraufstand zu verhindern. Solche Gesetze sind

[18] https://www.bgbl.de/xaver/bgbl/start.xav?startbk=Bundesanzeiger_BGBl&jumpTo=bgbl152s0446.pdf

dazu gedacht, in schweren Zeiten die Mieter zu schützen und zu unterstützen. Immobilieninvestoren erleiden dadurch aber finanzielle Einbußen. Man könnte es auch Diebstahl nennen.

(10) Steuern

Der Staat hat über die Grundsteuer immer Zugriff auf Ihre Immobilie. So wie der Solidaritätszuschlag heute noch konstant bei 5,5 % liegt und bequem vom Arbeitgeber eingezogen werden kann, ist auch der Immobilienbesitzer vor diesem Zugriff nicht geschützt. Der Staat kann über die Grundsteuer auf jede Immobilie, Wohnung, Haus oder Grund zugreifen. An dieser Stellschraube wurde bereits in der Vergangenheit immer weiter gedreht.

Auch wenn all die aufgeführten Punkte wie ein Horrorszenario klingen, sind es doch kalkulierbare Risiken. Das Problem ist, dass Laien davon oftmals sehr wenig Kenntnis haben.

Achtung! Es ist leicht, in guten Zeiten auch mit mittelmäßigen Immobilien halbwegs profitabel zu sein. Aber es ist alles ein Auf und Ab. In schwierigen Zeiten trennt sich beim Verkauf der Immobilie die Spreu vom Weizen. Erst dann erfahren Sie nämlich, ob Sie eine rentable Immobilie hatten … oder nicht.

Fazit

Eine Immobilie zu kaufen und zu vermieten ist ein Geschäft! So passiv das Einkommen durch Mieteinnahmen scheinbar auch fließt, es kostet einiges an Aufwand, diesen Geldstrom einzurichten und aufrechtzuerhalten. Ich kenne einige Menschen, die wirklich sehr gutes Geld mit Immobilien verdienen. Aber ich kenne weit mehr Menschen, die Immobilien besitzen und damit enorme Probleme haben und kaum Gewinne erwirtschaften. Sei es, weil sie keine Mieter finden, sie die Immobilie nicht verkaufen können, sie Mietnomaden haben, sie wegen höherer Ausgaben nicht profitabel sind und vieles mehr.

Um im Immobiliensektor gutes Geld zu verdienen, bedarf es einer hohen fachlichen Kompetenz und einer jahrelangen Erfahrung, die man hauptsächlich bei Unternehmen findet, die **professionell in der Immobilienbranche** tätig sind.

Ob Sie wirklich eine Top-Immobilie haben, merken Sie erst dann, wenn es zu einer Krise kommt. Seien Sie sich dessen bewusst, dass Sie erst beim Verkauf einer Immobilie feststellen können, ob Sie Gewinn gemacht haben, oder ob es ein Verlustgeschäft war.

Gefahr Nr. 6 – Nicht wissen, dass es keine Zinsen mehr geben wird

Stellen Sie sich vor, Sie nehmen bei der Bank einen Kredit von 10.000 Euro auf. Nächstes Jahr kommen nochmal 10.000 Euro dazu. Und nochmal. Und nochmal.

Irgendwann, vielleicht bei 100.000 Euro Schulden, sind Sie an einem Punkt, an dem Ihnen der Bankberater sagt: *„Tut mir leid, ich kann Ihnen kein neues Darlehen mehr gewähren, da Sie nicht mehr in der Lage sind die Zinsen und die Tilgung aus Ihren Einnahmen heraus zu bezahlen."* Die Banken sprechen hier von einer klassischen Überschuldung.

Dann stellen Sie sich vor, Sie sagen dem Bankberater Folgendes: *„Mensch, lieber Bankberater, setzen Sie mir doch die Zinsen einfach auf Null! Dann können Sie mir weiterhin neue Darlehen in beliebiger Höhe gewähren und ich werde nie mehr in die Verlegenheit kommen meine Zinsen nicht mehr bezahlen zu können. Alles bleibt in bester Ordnung!"*

Wenn Sie Glück haben, bricht der Bankberater in schallendes Gelächter aus und überprüft, ob heute der erste April ist. Dann bittet er Sie zu gehen. Wenn Sie Pech haben, kündigt er Ihnen den Kredit und stellt ihn sofort fällig.

Aber genau das haben die Staaten weltweit praktiziert! Sie haben die Zinsen immer weiter gesenkt ... und sie irgendwann auch auf Null gesetzt. Und anschließend sogar unter Null, also ins Minus gesetzt!

Am 11. Juni 2014 hat die EZB den Einlagensatz (das ist der Zinssatz, den Banken für Einlagen bei der Europäischen Zentralbank erhalten) auf -0,1 % festgesetzt. Dieser blieb **von 2014 bis Juli 2022 negativ**, mit einem Tiefststand von -0,5 % (ab September 2019). Das bedeutet, dass Staaten in dieser Zeit sogar dafür belohnt wurden, Schulden zu machen! Eigentlich unvorstellbar, man leiht sich Geld und wird dafür sogar noch finanziell belohnt.

Es hört sich zwar trivial an, aber die zuvor angesammelten Staatsschulden waren der Grund, warum die Staaten die Zinsen auf Null oder darunter gesetzt haben, weil wenn die Zinsen auf Null sind, muss der Staat keine Zinsen mehr bezahlen! Es ist fast unglaublich, aber es ist genau so. Sehen Sie sich bitte folgende Grafik an: Die blaue Linie zeigt die Staatsverschuldung und die rote die jährlichen Zinszahlungen seit 2000. Je höher die Schulden, desto weniger musste für Zinsen gezahlt werden! „Wie geil ist das denn," dürften sich die Politiker damals gedacht haben.

tu-dresden.de

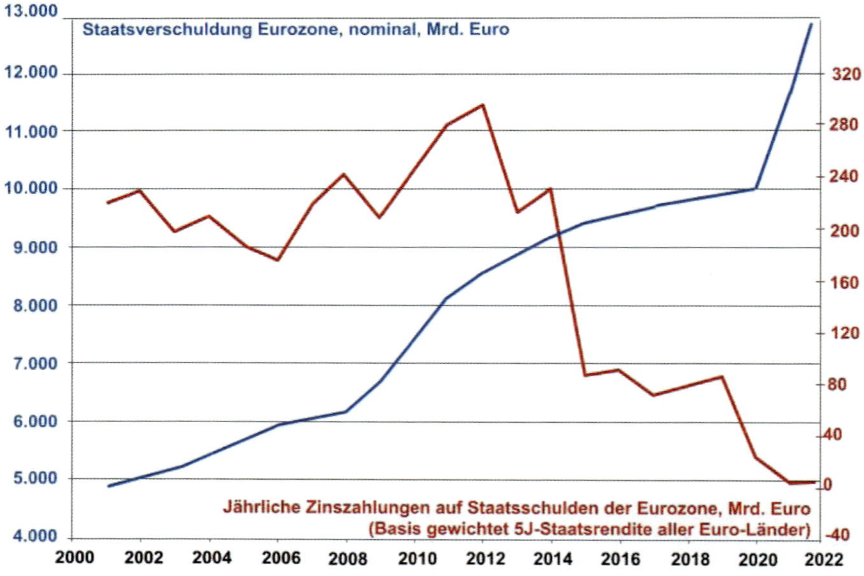

Staatsverschuldung Eurozone, blau; jährliche Zinszahlungen, rot
Quelle: Eurostat, Bloomberg, Baader Bank Kapitalmarktanalyse[19]

Je mehr die Schulden gestiegen sind, desto mehr haben die Staaten weltweit die Zinsen gesenkt. Und das seit knapp 20 Jahren. Erst seit 2022 ist der Einlagensatz in Europa wieder über Null.

Denken Sie bitte an das grundsätzliche Investment-Prinzip zurück: **Risiko wird mit einer Gewinnaussicht / einem Gewinn-**

[19] https://senak.inf.tu-dresden.de/wordpress/wp-content/uploads/2022/10/Vortrag_Inflation_Seyfarth_20221013.pdf

versprechen belohnt. Wenn Sie sich Geld leihen, müssen Sie dafür Zinsen bezahlen. Je höher das Risiko ist (also die Wahrscheinlichkeit, dass Sie Ihr Geld nicht zurückerhalten), desto mehr Zinsen werden verlangt und auch gezahlt.

Durch die weltweit steigenden Staatsverschuldungen steigt für Sie als Bürger permanent das Risiko, wenn Sie Ihr Geld an den Staat verleihen, **ohne dass Sie dafür einen Risikoausgleich in Form von höheren Zinsen erhalten**!

Eine Neuverschuldung wird für den Staat dadurch quasi kostenlos. Durch den Negativzins wurden Politiker sogar noch belohnt, wenn sie neue Schulden machen (und Sie können sich selbst ausrechnen, ob das gut ausgehen kann). **Mit welchem Geld will denn der Staat diese Schulden jemals zurückzahlen?**

Fragen Sie das mal die Politiker. Deren Antwort darauf lautet oft: „Oh, das ist ganz einfach. Wir fangen mit dem Zurückzahlen der Schulden in den nächsten Jahren an – sobald die wirtschaftliche Lage es zulässt." Real bedeutet das: „Darüber soll sich mein Nachfolger Gedanken machen". Also nie. Und glücklicherweise haben die Steuerzahler ja auch Kinder und Enkelkinder, die dann eines Tages auch Steuern zahlen werden. Alles paletti.

Ganz privat und unspektakulär muss an dieser Stelle gesagt werden: *„Wir haben so lange ein Problem, solange **die** drucken können, wofür **wir** arbeiten müssen. Denken Sie in einer stillen Minute mal darüber nach."* (Zitat Markus Dan).

Tatsächlich interessiert es die Politik nicht, ob das Geld jemals zurückgezahlt wird. Denn am Ende steht fest, dass die Bürger des Landes die Zeche bezahlen werden.

Wie viel Rente werden Sie bekommen?

Ein Einkommen von 1.000 Euro brutto pro Monat macht rund ein Drittel eines deutschen Durchschnittsgehalts aus. Für ein durchgearbeitetes Jahr gibt es 0,33 Rentenpunkte. Für 45 durchgearbeitete Jahre, in denen jeder Monat immer mit 1.000 Euro angesetzt wurde, ergibt es dann im Jahr 2061 eine Brutto-Rente von 453 Euro pro

Monat, also 45,3 %. Meine Frage an Sie: Kommen Sie mit 45,3 % Ihrer jetzigen Einnahmen aus? Darum macht es absolut Sinn, für die Zukunft vorzusorgen.

Es gibt Pensionskassen, es gibt Versicherungen, es gibt Banken, in die wir unser Geld investieren sollen, um eine solche Zusatzvorsorge aufzubauen.

Bedenken Sie bitte noch Folgendes: Wenn auf der einen Seite nichts mehr bezahlt wird, dann kommt auf der anderen Seite nichts mehr an.

Die Zinsen sind ja nicht nur für den Staat gesenkt worden. Die Zinsen sind **für alle Schuldner gesenkt** worden! Daraus folgt natürlich auch, dass **alle Gläubiger sehr wenig Zinsen erhalten**. Wenn es aber keine Zinsen mehr gibt, woher sollen dann Pensionskassen, Versicherungen und Banken die Zinsen nehmen, um Ihnen die versprochene Rente oder die zugesagte Rendite aus Ihren Anlagen zu bezahlen? Viele Gesellschaften stehen schon heute mit dem Rücken zur Wand.

Das heißt, über kurz oder lang werden Sie von diesen Institutionen keine Leistung mehr bekommen, obwohl sie vertraglich vereinbart und in vielen Fällen sogar garantiert sind. Und ohne bzw. nur mit minimalen Zinsen gibt es in der Regel keine privaten Zusatzrenten. Einige clevere Leute in der Regierung wissen das, halten aber schön ihren Mund, denn das will keiner hören.

Wir sind an dem Punkt angekommen, an dem sowohl die private als auch die staatliche Rente in Frage gestellt werden muss. **Denn auch in Zukunft werden die Zinsen die Inflation nicht schlagen können, eher das Gegenteil wird der Fall sein. Zumindest solange nicht, wie sich die weltweite Staatsverschuldung in diesen schwindelerregenden Höhen befindet.** Und ein Ende dieser dynamisch ansteigenden Schuldenspirale ist nicht abzusehen. Nicht dieses Jahr. Nicht nächstes Jahr.

Staatsschulden

Um mit Zinsen wieder etwas verdienen zu können, müsste der Leitzins angehoben werden. Von den jetzt 2,25 % (Stand Januar 2025) herum auf 5 %, 6 % oder mehr. Wenn dies jedoch passieren sollte, würden viele hochverschuldete Staaten wie Griechenland, Spanien oder Frankreich binnen kürzester Zeit aufgrund der enormen Zinslasten zahlungsunfähig werden. Eine Staatspleite würde die nächste jagen!

Deutschland alleine könnte einen solchen Anstieg der Leitzinsen vermutlich stemmen, so wie es das in den 1970er bereits einmal getan hat. Aber Deutschland hat keine D-Mark mehr. Deutschland hat den Euro und haftet somit – direkt und indirekt – auch für die Schulden der anderen Euro-Länder. Deutschland ist heute in einer Schuldenunion. Das ist die Wahrheit, egal was Frau Merkel vor zehn Jahren gesagt hat.[20] Wir befinden uns in einem gigantischen, bisher einmaligen Experiment, dessen Ausgang ungewiss ist.

Bleibt die Frage: Wie können sich Staaten denn grundsätzlich entschulden? Der logischste und einfachste Weg wäre, die Schulden zurückzuzahlen. Diese Variante wurde allerdings von Staaten noch nie gewählt. Die Geschichte hat uns gezeigt, dass kaum ein Staat jemals seine Schulden zurückgezahlt hat.

diepresse.com

Das Problem wurde mit einer der drei folgenden Optionen gelöst:

- **Hyperinflation**
- **Geldentwertung oder**
- **Krieg (= mit darauffolgender Währungsreform)**

Das Interessante: Deutsche Haushalte halten, laut Bundesbank-Statistik, weiterhin über zwei Billionen Euro auf Sparbüchern, anderen Konten, in Festgeld oder Anleihen. Und dieses Geld verliert real durch Inflation täglich an Wert.

Fazit

Solange sich die weltweite Staatsverschuldung in diesen schwindelerregenden Höhen befindet, sollten Sie nicht damit rechnen, von Zinsen „leben" zu können. Es wird sich nicht ausgehen.

Wenn Sie Gewinne erwirtschaften wollen, seien Sie sich dessen bewusst, dass diese mit Risiken verbunden sind.

---

[20] https://www.diepresse.com/1260162/merkel-gegen-eurobonds-nicht-solange-ich-lebe

Staatsverschuldung von Deutschland von 1950 bis 2023

(in Milliarden Euro)

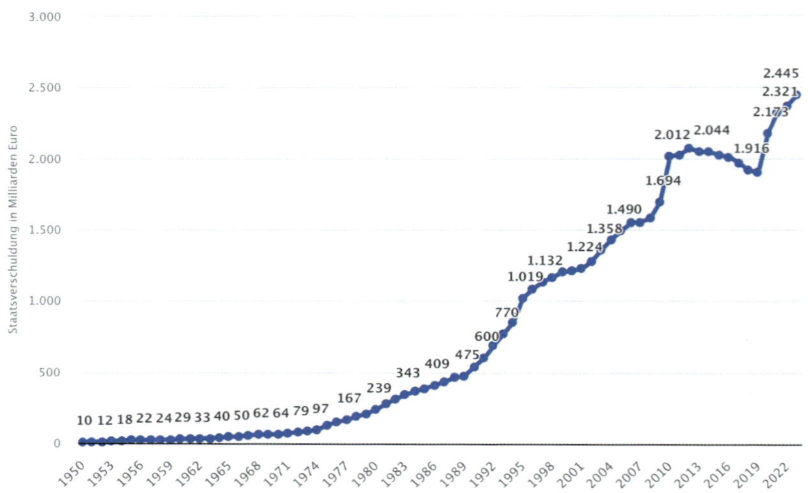

Staatsverschuldung Deutschland 1950 – 2023 (in Milliarden Euro)
Quelle: Statista[21]

statista.com

Erinnern Sie sich:

Today it is not about ‚return on capital'.

It is about ‚return of capital'.

Es geht heute nicht darum, wie viel man für sein Geld bekommt.

Es geht darum, dass man es überhaupt zurückbekommt.

Halten Sie Bargeldreserven in kleinen Scheinen für drei bis vier Monate zu Hause und für ein bis zwei Monate auf Ihrem Bankkonto. Alles andere ist aus meiner Sicht ein zu hohes Risiko.

[21] https://de.statista.com/statistik/daten/studie/154798/umfrage/deutsche-staatsverschuldung-seit-2003/

Gefahr Nr. 7 – Sein Geld nicht vor dem Zugriff des Staates zu schützen

Haben Sie sich jemals gefragt, warum ein Strafzettel genauso viel kostet, wie er kostet? Egal ob für Parkstrafen oder für zu schnelles Fahren. Der Betrag wurde psychologisch genau so gewählt, dass er einerseits Gewinn bringt (für die Behörden) und andererseits den Bürger nicht dazu verleitet, massiv dagegen zu protestieren.

Der Betrag ist genau so gewählt, dass man ihn meist zähneknirschend bezahlt, aber das war's dann auch schon. Man ärgert sich eine Weile und versucht, beim nächsten Mal besser aufzupassen. Bitte bedenken Sie, dass das Ziel dieser Strafen nicht darin besteht, die jeweilige Straftat abzuschaffen. Sie stellen eine reine Geldbeschaffungsaktion[22] dar.

Das Ziel ist, Geld zu verdienen, und zwar genau so viel, dass die Bürger nicht auf die Straße gehen und mit Steinen werfen. Denn genau das würde passieren, wenn man anfangen würde, bei Parkvergehen die Autos zu konfiszieren!

Und davor hat der Staat Angst: Dass Bürger auf die Straße gehen und Steine in die Hände nehmen. Denn dann weiß der Staat, dass er es übertrieben hat und dass bald Köpfe rollen könnten … Politikerköpfe.

Daher werden bei Parkvergehen keine Autos weggenommen, sondern der Betrag gerade so hoch gewählt, dass Gewinne gemacht werden und das Volk nicht aufbegehrt.

Was hat der Strafzettel jetzt mit Ihrem Vermögen zu tun? Denken Sie einmal kurz über folgende Fakten nach. Der Gesamtbetrag der deutschen Staatsverschuldung lag Ende 2018 knapp über 2 Billionen

[22] Wenn man Parkstrafen verhindern will, müsste man nur die Strafen drastisch genug setzen. Wie? Stellen Sie sich vor, Ihr Auto würde bei einem Parkvergehen eingezogen werden, man würde es Ihnen wegnehmen. Für immer. Glauben Sie mir, Parkvergehen würden von einem Tag auf den anderen verschwinden. Aber das ist nicht das Ziel …

Euro.[23] Durch Corona kommen nochmal offiziell ca. 300 Milliarden Euro dazu, das sind dann knapp 2,3 Billionen Euro. Wichtig: Die Europäischen Coronabonds (Gemeinschaftshaftung) in Höhe von knapp 750 Milliarden als auch die Schulden der Städte und Kommunen sind in dieser Aufstellung NICHT enthalten. „Im Jahr des Ausbruchs der Corona-Pandemie sind die deutschen Staatsschulden um 275 Milliarden Euro auf 2,332 Billionen Euro gestiegen. Die Schuldenquote, das heißt der Schuldenstand im Verhältnis zum Bruttoinlandsprodukt, erhöhte sich 2020 um 10,3 Prozentpunkte auf 70,0 %. Dies ist der stärkste Anstieg der Schuldenquote innerhalb eines Jahres seit der Wiedervereinigung."[24]

bundesbank.de (Staatsschulden)

bundesbank.de (Schuldenquote)

destatis.de

Deutsche Staatsschulden: 2,489 Billionen Euro (2.489.000.000.000 Euro)
Quelle: destatis[25]

Das sind die offiziellen Staatsschulden. Was steht demgegenüber? Einerseits das private Sachvermögen Deutschlands. Also Privatwohnungen und Häuser. Das sind etwa 8,6 Billionen Euro.[26] Andererseits das Geldvermögen der privaten Haushalte in Form von Bargeld, Wertpapieren, Bankeinlagen, sowie Ansprüchen gegenüber Versicherungen. Das sind rund 6,3 Billionen Euro.[27]

statista.com (Sachvermögen)

statista.com (Geldvermögen)

[23] https://www.bundesbank.de/de/presse/pressenotizen/deutsche-staatsschulden-783598

[24] https://www.bundesbank.de/de/aufgaben/themen/deutsche-schuldenquote-2020-auf-70-0-prozent-gestiegen-828770

[25] https://www.destatis.de/DE/Themen/Staat/Oeffentliche-Finanzen/Schulden-Finanzvermoegen/_inhalt.html

[26] https://de.statista.com/statistik/daten/studie/996473/umfrage/sachvermoegen-der-privaten-haushalte-in-deutschland/

[27] https://de.statista.com/statistik/daten/studie/37880/umfrage/geldvermoegen-der-privathaushalte-in-deutschland/

Sachvermögen: 8,6 Billionen Euro
+ Geldvermögen: 6,3 Billionen Euro
= Gesamtvermögen: 15,9 Billionen Euro

Staatsschulden: 2,5 Billionen Euro
= etwa 15 % des gesamten deutschen Privatvermögens!

Auf gut Deutsch: Wenn der Staat es schafft, von jenen Deutschen, die Vermögen besitzen, „nur" 15 % ihres Vermögens zu bekommen, wäre er seine Schulden los! Nur 15 %. Und Sie müssen mir nicht glauben, wenn ich sage, dass der Staat nichts unversucht lassen wird, an genau diese 15 % zu kommen (oder sogar noch an mehr).

Wie will der Staat an 15 % Ihres Vermögens kommen? Ich weiß nicht, wie er es machen wird. Aber ich weiß, wie es gemacht werden muss: Und zwar so, dass die Menschen nicht auf die Straße gehen und Steine in die Hand nehmen, damit keine Politikerköpfe rollen. Daher muss der Staat vorsichtig an die Sache rangehen. Progressive Konditionierung.

Was ist das für ein Voodoo-Zeug, Markus. Ist das der Pawlowsche Hund? Ja. Das ist der Pawlowsche Hund.

Ein Paradebeispiel für erfolgreiche Konditionierung der Bevölkerung durch staatliche Maßnahmen ist die Einführung von Recyclingprogrammen. Es wurde durch getrennte Mülltonnen, klare Vorschriften und finanzielle Anreize wie Pfandsysteme eine Kultur der Mülltrennung geschaffen. Nicht über Nacht, sondern über Jahre und Jahrzehnte. Heute ist Recycling nicht nur Alltag, sondern eine gesellschaftliche Norm, die zu einer drastischen Reduktion des Müllaufkommens geführt hat.

Und so ähnlich wird es mit dem Geld passieren. Langsam und unauffällig. Du wirst nichts besitzen und glücklich sein. Schöne neue Welt.

Wie es gemacht werden könnte? Sehen wir nach Schweden, einem Vorreiter im bargeldlosen Bezahlen. Dort wurde die Nutzung von Bargeld schrittweise reduziert, während digitale Zahlungsmethoden aktiv gefördert wurden. Steuerliche Anreize für Unternehmen, die solche Systeme einführten, und die Entwicklung staatlich unterstützter Plattformen wie Swish machten digitales Bezahlen immer attraktiver. Gleichzeitig wurden die Nutzung von Bargeld durch Maßnahmen wie die Reduzierung von Geldautomaten und Beschränkungen bei Barzahlungen unattraktiv gemacht bzw. erschwert.

Nach und nach akzeptierte die Bevölkerung diese Veränderungen und bevorzugte schließlich digitale Zahlungsmethoden. Das Ergebnis? Eine effizientere Steuerkontrolle und eine größere Transparenz der Wirtschaft – erreicht durch eine schleichende, aber gezielte Konditionierung, die kaum wahrgenommen wurde.

„Wann wird das passieren?", fragen Sie? Oh, wir sind bereits mitten drin. Lenin soll gesagt haben: „Vertrauen ist gut, Kontrolle ist besser." Ich weiß nicht, ob er das wirklich gesagt hat, jedenfalls ist die Nachricht gut bei den Politikern angekommen. Um an das Geld seiner Bürger zu kommen, muss der Staat als Erstes das Geld kontrollieren.

Und es hat bereits begonnen. Es ist schwer über solche Themen zu reden, ohne als Verschwörungstheoretiker zu erscheinen. Was ich Ihnen hier zeige, sind lediglich die Fakten. Ich überlasse es Ihnen, dem Leser, Ihre eigenen Schlussfolgerungen aus dem Ganzen zu ziehen.

Kontrolle von Bargeld

Einer der größten Vorteile von Bargeld ist seine Anonymität. Bargeld ist und war dem Finanzamt immer schon ein gigantischer Dorn im Auge. Schwarzgeld ist Geld, „dass es nicht gibt". Aber eben nur für das Finanzamt. Wenn Menschen beginnen, ihr Geld vom Konto bar abzuheben und zu bezahlen, kann das Finanzamt den Geldfluss nicht mehr kontrollieren. Das Geld verschwindet aus dem Sichtfeld des Staates. Darum ist – über kurz oder lang – die Abschaffung des Bargeldes geplant – siehe Vorreiter Schweden. Was bereits geschah und weiter geplant ist:

- 2016 wurde der 500-Euro-Schein abgeschafft. Begründung: Terrorfinanzierung. Klar.
- Die EU-Kommission will 1- und 2-Eurocent-Münzen abschaffen.[28]
- Das EU-Parlament beschloss am 24.4.2024 eine EU-weite Bargeldobergrenze von 10.000 Euro. Barzahlungen über 10.000 Euro sind verboten; sie müssen elektronisch abgewickelt werden.
- Griechenland hat seine Bürger dazu verdonnert, 30 % ihrer Einnahmen elektronisch auszugeben. Ansonsten droht Strafe.[29]
- Die Bargeldobergrenze für Inländer liegt in Griechenland bei 500 Euro, in Spanien und Frankreich bei 1.000 Euro (für Ausländer großzügigerweise noch bei 10.000 Euro).[30]
- Einschränkungen der Abhebungen an Bankautomaten in Krisenzeiten (zuletzt passiert 2013 in Zypern – 120 Euro pro Tag).[31]

sueddeutsche.de (1 Cent)

telegraph.co.uk

evz.de

sueddeutsche.de (Zypern)

Bei der Diskussion über ein Tempolimit auf den Autobahnen und der Abschaffung von Bargeld beißt die Politik bei den deutschen Bürgern bisher auf Granit. Kommt jedoch plötzlich ein Virus daher (und die Furcht vor einer Übertragung der Viren durch Bargeld), gerät alles ins Wanken. Auf einmal ist die Abschaffung von Bargeld gar nicht mal sooo schlecht, man sollte sich ja schützen!

Plötzlich werden Grundgesetze einfach aufgehoben, scheinbar unantastbare Grundrechte weggewischt, wird das Unmögliche sehr einfach und rasch möglich. Was steht denn in der Welt noch an, an dem sich Europa (und so auch Deutschland) orientieren wird:

---

28 https://www.sueddeutsche.de/wirtschaft/ein-cent-kupfergeld-abschaffen-1.4773673

29 https://www.telegraph.co.uk/business/2019/12/08/new-greek-government-forces-public-spend-electronically-despite

30 https://www.evz.de/finanzen-versicherungen/bargeld-obergrenze-in-der-eu.html

31 https://www.sueddeutsche.de/wirtschaft/finanzkrise-in-zypern-banken-begrenzen-abhebungan-geldautomaten-1.1632597

Indien schafft große Geldscheine ab. Alles ab einem Gegenwert von 10 Euro.[32] Und China? Der Liebling der Medien, der WHO und Facebook. 80 % des Zahlungsverkehrs in China laufen jetzt schon über Mobiltelefone.[33] China will die restlichen 20 % des Zahlungsverkehrs auch bargeldlos haben. Wie? Der Corona-Virus wurde als Grund angegeben. Die Chinesische Zentralbank desinfizierte schon vor Corona ihr Bargeld regelmäßig.[34]

„Dekontaminierung" von Bargeld bei einer chinesischen Wechselstube

zeit.de

nzz.ch

businessinsider.de

Jaja, Markus. Das klingt schon alles ordentlich nach Verschwörungstheorie.

Warum soll Bargeld überhaupt abgeschafft werden?

Wenn es kein Bargeld mehr gibt, dann können Sie sich einer Geldentwertung durch Negativzinsen nicht mehr entziehen. Oder einer pauschalen Vermögenssteuer, da Ihre kompletten Geldbestände dem Staat bekannt sind. Der Zugriff auf Ihre Vermögenswerte durch Steuern oder Negativzinsen wird dadurch noch leichter. Es wird einfach abgebucht. Aber die Kontrolle des Bargelds ist nicht alles.

[32] https://www.zeit.de/wirtschaft/2016-11/indien-korruption-rupie-geldschein-austausch- narendra-modi

[33] https://www.nzz.ch/finanzen/wechat-und-alipay-mobiles-bezahlen-in-china-ld.1489845

[34] https://www.businessinsider.de/wirtschaft/china-will-in-grossem-stil-bargeld-vernichten-aus- angst-vor-dem-coronavirus/

Kontrolle von Vermögenswerten und Geldfluss

Ein weiterer Schritt ist die Kontrolle der Vermögenswerte sowie des Geldflusses. Der Staat will wissen, wer was genau mit dem Geld macht und **wo es sich befindet**. Begründung: Terrorfinanzierung. Geldwäsche. Klar, was sonst.

Wenn der Staat den Geldfluss kontrolliert, weiß er ganz exakt, über welche Werte Sie verfügen. Wenn alle Zahlungen elektronisch laufen, weiß der Staat genauestens Bescheid, wann und wofür Sie jeden Cent ausgeben haben. Hier einige Fakten, die Sie gerne nachprüfen können:

bmf.gv.at

- Meldepflicht bei Auslandsreisen ab 10.000 Euro.[35]
- Schließfach-Besitz wird automatisch gemeldet (siehe Gefahr Nr. 2 - Zu glauben, dass Geld in einem Bankschließfach vor jeglichem Zugriff geschützt ist).[36]
- Auslandsüberweisungen werden ab 12.500 Euro registriert.[37]
- Bei ungewöhnlichen Bareinzahlungen und Überweisungen erstatten Banken immer öfter Anzeige wegen des Verdachts auf Geldwäsche und Steuerhinterziehung. Die Unterlagen landen in den meisten Fällen bei den Steuerbehörden. Mögliche Folgen: Nachfragen, Betriebsprüfungen, Steuerstrafverfahren.[38]
- Seit 2020 Meldepflicht bei Goldkauf ab 2.000 Euro. Bis 2017 lag die Meldepflicht für Gold noch bei 15.000 Euro.

wiwo.de

biallo.de

Warum will der Staat wissen, ob Sie Gold besitzen? Gold muss von Ihnen nicht in Ihrer Einkommensteuererklärung angegeben werden. Es gibt keine Zinsen auf Gold, von denen man Kapitalertragssteuer bezahlen müsste. Warum ist Gold also meldepflichtig? Vielleicht, damit der Staat weiß, wo er es bei Bedarf abholen kann?

handwerk.com

---

[35] https://www.bmf.gv.at/themen/zoll/reise/mitnahme-von-bargeld.html

[36] https://www.wiwo.de/finanzen/geldanlage/schliessfaecher-abschied-von-der-diskretion/14949682.html

[37] https://www.biallo.de/girokonto/news/hohe-geldtransfers-das-sollten-sie-beachten/

[38] https://www.handwerk.com/geldwaescheverdacht-banken-zeigen-kunden-wegen-vermeintlicher-steuerhinterziehung-an

Ein Schelm, der Böses dabei denkt.

Fakt ist: Der Staat will Ihr Vermögen kontrollieren. Die Begründung (Ausrede) ist Schattenwirtschaft, Kriminalität, die Bekämpfung des Terrorismus und natürlich der Russe. Tatsächlich geht es um Steuern sowie die Kontrolle der Vermögenswerte und des Geldflusses.

Wenn alles Geld digital ist, kann der Staat auch jederzeit unliebsamen Stimmen den Geldhahn abdrehen. DDR und chinesische Diktatur lassen grüßen. Sie glauben, ich übertreibe? Reden wir 2030 darüber.

Fazit

Es wird zu einem vermehrten Zugriff auf und einer Kontrolle des Staates über Ihr Vermögen kommen. Ob Sie es glauben oder nicht, ob es Ihnen gefällt oder nicht. Deshalb könnte der folgende Tipp noch ziemlich wichtig für Sie werden: **Investieren Sie unbedingt auch in Anlagen, auf die der Staat keinen Zugriff hat.**[39]

Ressourcen

[39] Sie finden im internen Bereich mehr Informationen dazu: https://markusdan.com/gefahren-ressourcen

Gefahr Nr. 8 –
Auf Einlagesicherung vertrauen

Was ist eine Einlagensicherung? Hier die Definition:[40] *„Einlagensicherung ist im Bankwesen der Gläubigerschutz durch gesetzliche und freiwillige Maßnahmen, der in einer Bankenkrise die Gläubiger von Kreditinstituten vor dem Verlust ihrer Bankguthaben bewahren soll."*

Das Wichtigste in Kürze:

- Bankeinlagen sind innerhalb der EU bis zu 100.000 Euro pro Kunde und Bank gesetzlich geschützt. Jedes Land hat jedoch eigene Sicherungssysteme für den Fall, dass eine Bank insolvent wird.
- Die Einlagensicherung gilt für Tagesgeld-, Festgeld- und Girokonten sowie für Sparguthaben und Sparbriefe.
- Die Einlagensicherung ist in Deutschland gesetzlich vorgeschrieben. Sie soll gewährleisten, dass bei einer Bankenpleite Kundengelder in Millionenhöhe bis zu einer Entschädigungsgrenze von 100.000 Euro zurückgezahlt werden können. Allerdings gibt es nicht „Die gesetzliche Einlagensicherung" als staatliche Institution. Sie verteilt sich auf verschiedene Sicherungssysteme der jeweiligen Banken.
- Die gesetzliche Einlagensicherung der privaten Banken ist zum Beispiel die „Entschädigungseinrichtung deutscher Banken GmbH", oder kurz EdB genannt. Das Unternehmen wird im Handelsregister unter der Nummer HRB 74975 gelistet.

wikipedia.org

Klingt auf den ersten Blick gut. Die Einlagensicherung rettet zumindest 100.000 Euro, sollte die Bank insolvent gehen und das staatlich garantiert. In der Realität funktioniert das System allerdings nur, wenn einzelne Banken über einen längeren Zeitraum betroffen sind. Wann war das noch schnell das letzte Mal der Fall?

[40] https://de.wikipedia.org/wiki/Einlagensicherung

- Herstatt-Bank Pleite (1978)
- Noa-Bank (Juni 2010)
- Maple Bank GmbH (Februar 2016)
- Dero Bank AG (März 2018)
- Greensill Bank (März 2021)

derstandard.at

efd.admin.ch

Österreich ist da etwas schlechter dran, denn seit 1974 verabschiedeten sich sieben (!) Banken für immer von ihren Kunden.[41] Auch die Schweiz ging 1991 mit der Bankpleite der Spar- und Leihkasse Thun nicht leer aus. Ebenso wenig wie durch die Beinahepleite der Credit Suisse im Jahr 2023, die einzig mithilfe eines staatlichen Rettungspakets von 109 Milliarden Franken und der Übernahme durch die UBS gerettet wurde. Dabei war eben diese UBS 2008 – nach hochspekulativen Geschäften während der Finanzkrise – selbst auf staatliche Hilfe angewiesen.[42]

edb-banken.de

Bei all diesen Konkursen sind die Anleger mehr oder weniger glimpflich davongekommen und konnten teilweise ihr gesamtes Geld zurückbekommen, selbst dann, als es noch keine Einlagensicherung gab. Das Problem ist aber, dass die bestehenden Einlagensicherungen bei einer **Systemkrise**, die den gesamten Bankensektor erfasst, nicht mehr funktionieren. Sehr einfach kann dieser Fakt über die sogenannte Deckungsquote der Einlagen in der Eurozone nachvollzogen werden.

tagesgeldvergleich.net

In Deutschland betrugen die über die Entschädigungseinrichtung deutscher Banken GmbH abgesicherten Einlagen 2019 knapp 583 Milliarden Euro. Die verfügbaren Rücklagen beliefen sich auf rund 3 Milliarden Euro.[43] Das entspricht einer Deckungsquote von 0,52 %! Immerhin stieg sie in den letzten Jahren von 0,24 % 2015 auf nun 0,68 % Ende 2024.[44]

[41] https://www.derstandard.at/story/481402/oesterreichische-bankenkonkurse-der-letzten-25-jahre

[42] https://www.efd.admin.ch/de/credit-suisse

[43] https://edb-banken.de/

[44] https://www.tagesgeldvergleich.net/statistiken/deckungsquote-der-einlagen.html

Im Klartext bedeutet es, dass nur ein Bruchteil der zugesagten staatlichen Entschädigung von 100.000 Euro durch Rücklagen abgesichert ist.

Dies hat man sehr gut in der Finanzkrise 2008 gesehen. Als man tatsächlich Geld aus der Einlagensicherung brauchte … war es nicht da!

Der Staat musste den gesamten Bankensektor retten und zwar mit Steuergeldern. Also mit Ihrem Geld. Wie? Was? Die Einlagensicherung kann die Banken nicht retten? Allein die rechtliche Aufstellung offenbart das **Einlagensicherungs-Märchen**. Es handelt sich nicht, wie vielfach angenommen, um eine einzige staatliche Einrichtung, sondern um eine Vielzahl von **Gesellschaften mit beschränkter Haftung** (GmbH), die von den jeweiligen Banken gegründet und verwaltet werden. Hier eine Liste der deutschen Sicherungseinrichtungen:

- Entschädigungseinrichtung deutscher Banken GmbH (EdB)
- Entschädigungseinrichtung des Bundesverbandes Öffentlicher Banken Deutschlands GmbH (EdÖ)
- Einlagensicherungsfonds des Bundesverbandes Deutscher Banken
- Einlagensicherungsfonds des Bundesverbandes Öffentlicher Banken Deutschlands e. V. (ESF)
- Sicherungseinrichtung des Bundesverbandes der Volksbanken und Raiffeisenbanken
- Haftungsverbund der Sparkassen-Finanzgruppe

edb-banken.de

Auf der Homepage https://www.edb-banken.de/ versucht man Ihnen mit großen Worten und hübschen Videos zu erklären, wie sicher Ihr Geld auf einer Bank ist. Aber sehen Sie sich auf unserem Bild den Jahresabschluss 2011 an.

Entschädigungseinrichtung deutscher Banken GmbH

Berlin

Jahresabschluss zum Geschäftsjahr vom 01.01.2011 bis zum 31.12.2011

BILANZ

AKTIVA

	Euro	Gesamtjahr/Stand Euro	Euro	Vorjahr Euro
Umlaufvermögen		1.349.705,09		1.338.498,74
Guthaben bei Kreditinstituten				
1. täglich fällig	30.711,14		23.143,08	
2. Festgeld	1.318.993,95		1.315.355,66	
Summe Aktiva		1.349.705,09		1.338.498,74

PASSIVA

	Euro	Gesamtjahr/Stand Euro	Euro	Vorjahr Euro
A. Eigenkapital		1.339.705,09		1.327.498,74
I. Gezeichnetes Kapital	51.129,19		51.129,19	
II. Kapitalrücklage	971.965,87		971.965,87	
III. Gewinnrücklagen	304.403,68		298.802,92	
IV. Jahresüberschuss	12.206,35		5.600,76	
B. Rückstellungen		10.000,00		11.000,00
Summe Passiva		1.349.705,09		1.338.498,74

Jahressabschluss 2011 der EdB

bundesanzeiger.de

Das Eigenkapital der Entschädigungseinrichtung deutscher Banken GmbH beträgt satte 1,3 Millionen Euro. Das ist auch die Maximalsumme, mit der das Unternehmen haftet. Eine absolute Lachnummer, wenn es nicht zum Weinen wäre. Sie können die Daten selbst im Bundesanzeiger nachprüfen: www.bundesanzeiger.de. Melden Sie sich dort kostenfrei an und suchen nach „Entschädigungseinrichtung deutscher Banken GmbH".

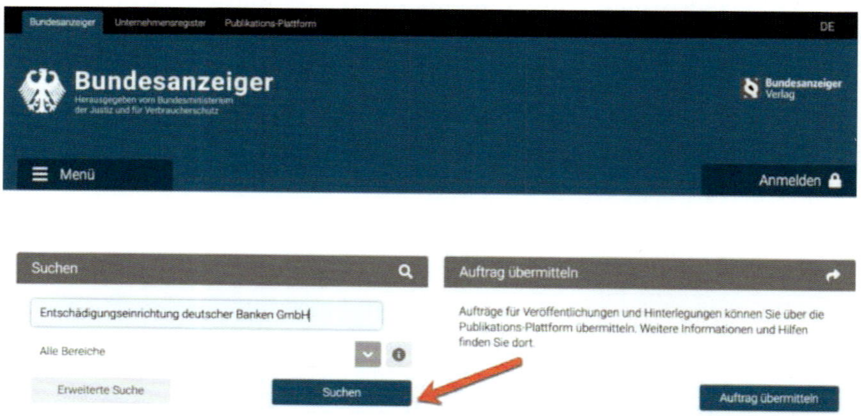

Gehen Sie dann zu den Finanzberichten: Sie finden die unten abgebildete Bilanz. Interessant auch, dass seit 2011 keine weiteren Bilanzen mehr veröffentlicht wurden.

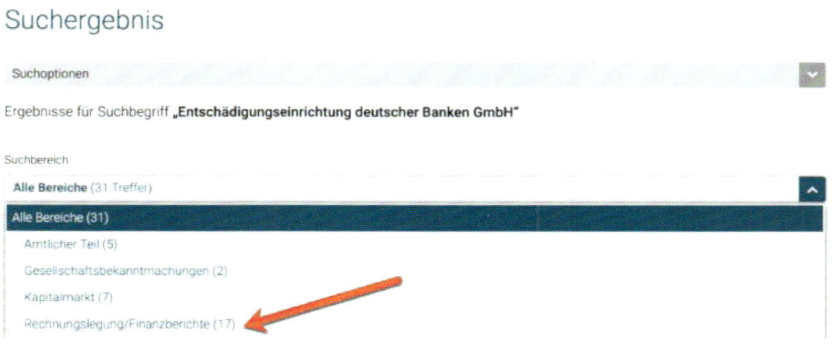

Und falls sie sich wundern, warum es keine neueren Zahlen gibt. Tja, da sind wir schon zu zweit.

Fazit

Ressourcen

Wenn Sie bei einem Systemcrash höhere Beträge auf dem Bankkonto haben, ist die Chance extrem hoch, dass Teile, sogar große Teile davon, verloren gehen. Deshalb halten Sie nur so viel Geld auf der Bank und auf dem Konto, wie es zum Bezahlen der Rechnungen von zwei bis drei Monaten notwendig ist. Verteilen Sie Ihr Geld auf verschiedene Banken in unterschiedlichen Sicherungssystemen.

Prüfen Sie die Solvenz einer Bank, bevor Sie ihr Ihr Geld anvertrauen. Einen wichtigen Tipp diesbezüglich verrate ich Ihnen in meinem Ressourcenbereich.[45]

45 https://markusdan.com/gefahren-ressourcen

Exklusives Bonusmaterial für Leser – JETZT kostenlos sichern

Vielen Dank, dass Sie dieses Buch lesen!

Als kleines Dankeschön erhalten Sie exklusive Zusatzinhalte:

- ✓ **Risiko-Schnell-Check (Wert 39,90 €) .... GRATIS**
- ✓ **Checkliste „Die 5 Geldspeicher" (Wert 29,90 €)......... GRATIS**
- ✓ **Bonuskapitel „Damoklesschwert Aktien" .... GRATIS**
- ✓ **Kapitel 1 bis 10 als Hörbuch.. GRATIS**
- ✓ **Zugang zu Ressourcen und Updates .... GRATIS**
- ✓ **Zugang zu weiteren Hintergrundinfos .... GRATIS**
- ✓ **Zugang zu geheimer Telegram-Gruppe...................... GRATIS**

Jetzt kostenfrei und exklusiv sichern unter:

https://www.markusdan.com/gefahren-ressourcen

Dieses Bonusmaterial ist exklusiv für Buchleser und nicht online auffindbar. Sichern Sie sich gleich jetzt Ihren Zugang zu diesem Wissenspool, noch bevor Sie mit dem Lesen des Buches beginnen.

https://www.markusdan.com/gefahren-ressourcen

Gefahr Nr. 9 –
Nicht wissen, was das SAG ist

Von der Öffentlichkeit unbeachtet, verabschiedete der Bundestag am 10. Dezember 2014 das wichtigste Gesetz der letzten 10 Jahre. Es heißt SAG und steht für **Sanierungs- und Abwicklungsgesetz**.[46] Dieses Gesetz ist leise und ohne große Medienpräsenz am 1.1.2015 in Kraft getreten und hat 176 schwer lesbare Paragrafen. Die Verabschiedung im Bundestag erfolgte vor annähernd leerem Plenum zu fortgeschrittener Stunde ohne Absprache. Es entstand aus den Lehren der Finanzkrise 2008.

Dieses Gesetz ist von hoher Brisanz und betrifft Bankkunden, die sich in Sicherheit wiegen und dennoch jederzeit ohne Gegenwehr enteignet werden können. Worum geht es bei diesem Gesetz? Eine neue „Bankenrettungsanstalt" kann anordnen, bei möglicher Insolvenz einer systemrelevanten Bank Kundengelder einzuziehen oder in Aktien der Bank zu einem von ihr festgelegten Nennwert umzuwandeln.

gesetze-im-internet.de

Interessanterweise wurde in § 5 SAG festgehalten, dass alle Funktionsträger über das nach dem SAG ablaufende Verfahren Stillschweigen zu wahren haben. Selbst Vermögensverwalter müssen schweigen.

Was ist das hauptsächliche Ziel des Sanierungs- und Abwicklungsgesetzes? In erster Linie soll der Steuerzahler vor den Folgen der Insolvenz einer **systemrelevanten Bank** geschützt werden. Achtung, wir reden hier vom Steuerzahler, NICHT vom Bankkunden! Daneben steht (auch) die Sanierung der Bank im Fokus.

Für diese Sanierung bzw. Rettung der Bank soll jetzt aber nicht mehr der Staat herhalten müssen, sondern die Aktionäre und Gläubiger der Bank. Wer sind diese Gläubiger? Richtig, die Bankkunden mit ihren Guthaben.

---

[46] https://www.gesetze-im-internet.de/sag/BJNR209110014.html

Vergessen Sie nie:

- Sie sind einer der Gläubiger", weil Sie „glauben", dass Sie Ihr Geld von der Bank zurückbekommen.
- Das Geld auf der Bank ist geliehen, es gehört der Bank und diese schuldet es dem Gläubiger, also Ihnen, dem Bankkunden.

Welche Behörde überwacht das SAG?

Das Gesetz sieht die Gründung bzw. Ausgestaltung einer „Bundesanstalt für Finanzmarktstabilisierung" als Abwicklungsbehörde vor. Sie soll ausschließlich als „Anstalt in der Anstalt" in die Bundesanstalt für Finanzdienstleistungsaufsicht (BaFin) eingegliedert werden. Ihr wird eine große Fülle von Informationsrechten und Eingriffsrechten in die Geschäftsführung der Bank übertragen.

Wer ist vom SAG betroffen?

Alle Privatkunden und Firmenkunden, die Einlagen ab 100.000 Euro bei einer „systemrelevanten" Bank führen. Die Einlagen können sich aus verschiedenen Positionen zusammensetzen. Die Summe aller Positionen ergibt die maßgebliche Einlage, welche, wenn sie 100.000 Euro überschreitet, unter das SAG fallen. Dazu gehören:

- Sparbücher, Fest- und Tagesgeld
- Giroguthaben
- Sparverträge
- Namensschuldverschreibungen
- oft übersehen: **vorübergehend „geparkte" Liquidität aus einem Wertpapierdepot**!
- alle Aktionäre systemrelevanter Banken.

Was ist eine „systemrelevante" Bank?

Welche Bank als „systemrelevant" eingestuft wird, ist nicht vordefiniert. Darüber entscheidet von Fall zu Fall die durchsetzende Behörde, „Bundesanstalt für Finanzmarktstabilisierung" (§ 67 Abs. 2 SAG).

Zur Einstufung gibt es zwar Kriterien, die jedoch so grob gefasst sind, dass es im Ernstfall zur reinen Ermessensfrage wird. Wir gehen davon aus, dass man sich an den Katalog der 120 Institute halten wird, die die EZB beaufsichtigt und als „bedeutend" eingestuft hat. Sie finden eine Liste der als systemrelevant eingestuften Bankhäuser, die im Moment überwacht werden, in unserem Ressourcenbereich.[47]

Was bedeutet das Gesetz konkret?

Die neue Bundesanstalt für Finanzmarktstabilisierung kann anordnen, bei drohender Insolvenz einer systemrelevanten Bank Kundengelder einzuziehen oder in Aktien der Bank zu einem von ihr festgelegten Nennwert umzuwandeln und den Nennwert herabzusetzen bis auf Null.[48] Auf deutsch heißt das, „OK, Bankkunde, Deine Bank ist pleite, aber keine Sorge, Du bekommst jetzt Anteile an dieser Bank. Diese sind zwar nichts wert, aber – mitgehangen, mitgefangen, richtig?"

Ressourcen

Das gefällt Ihnen nicht? Daran haben wir auch schon gedacht: Ein Widerspruchsverfahren ist ausgeschlossen. Selbst eine Klage hat keine aufschiebende Wirkung. In diesem Fall gelten alle Ansprüche des Aktionärs als „erfüllt", und zwar für immer (§ 99 Abs. 1–3 SAG). Selbst, wenn sich die Bank wieder erholt, gibt es kein Zurück. Nett oder?

Sie wissen nichts davon und haben nie davon gehört? Tja, in § 5 des SAG ist festgehalten, dass alle Funktionsträger über das nach dem SAG ablaufende Verfahren Stillschweigen zu wahren haben. Schweigepflicht. Deswegen haben Sie von dem Gesetz auch nichts gehört. Fragen Sie doch mal Ihren Vermögensverwalter, Banker oder Finanzberater. Er darf Ihnen nichts darüber sagen, ohne zu riskieren, seine Lizenz zu verlieren. Das sind wirklich schon Mafia-Methoden, mit dem Unterschied, dass die Mafia profitabel ist.

Und das i-Tüpfelchen? Selbst wenn Ihr Banker oder Steuerberater die Systemgefährdung einer systemrelevanten Bank vermuten,

[47] https://markusdan.com/gefahren-ressourcen

[48] 2013 wurde genau das während der Zypernkrise gemacht. Bankguthaben wurden automatisch in Bankaktien umgewandelt. Viele dieser Aktien waren kurze Zeit später nichts mehr wert.

bedeutet das, dass er per Gesetz zum Stillschweigen verpflichtet ist. Seriöser und transparenter kann man es nicht mehr machen.

Ein Blick zurück auf die Lehmann Brothers-Pleite lohnt sich. Die Bonität der damals drittgrößten Investmentbank der USA wurde bis zum Zeitpunkt ihrer Insolvenz am 15.09.2008 von den drei großen amerikanischen Ratingagenturen von „A" bis „A+" beurteilt. Selbst als Lehmann Brothers am 10.09.2008 (5 Tage vor Insolvenz) einen Verlust für das dritte Quartal i.H.v. 3,9 Mrd. US-Dollar ankündigte, gab es keine Warnmeldungen. Wir sehen dabei, dass die Bewertungen der einzelnen Ratingagenturen praktisch nichts wert sind. Entweder wussten Sie von der Pleite und haben nichts gesagt, oder Sie haben die Anzeichen nicht entdeckt. Beide Fälle disqualifizieren Ratingagenturen für Ihren Job. Die Folgen für die Ratingagenturen nach der Pleite? Keine.

Und Deutschland? Die Deutsche Bank hat 2019 mit 6,2 Mrd. Euro den größten Quartalsverlust ihrer Geschichte veröffentlichen müssen. Dieser Quartalsverlust ist wesentlich höher als der von Lehmann Brothers damals. Auch wenn dies eine Folge davon sein mag, dass der neue Vorstandsvorsitzende nunmehr mit dem eisernen Besen hin zum Besseren kehrt, ist zu bedenken,

- dass gem. § 5 SAG alle Verfahrensbeteiligten per Gesetz zum Stillschweigen angehalten sind, wenn Sie die Systemgefährdung einer systemrelevanten Bank vermuten,
- dass die Agenturen und der Markt nicht informiert werden und genauso ahnungslos bleiben, wie seinerzeit bei Lehmann Brothers,
- dass selbst 10 Jahre nach Inkrafttreten des SAG kaum jemand über dieses Gesetz und dessen Folgen für Vermögende ab 100.000 Euro spricht.

Es gibt noch einen Punkt, auf den ich hier (aus Zeit, Platz und Langweile-Gründen) nicht im Detail eingehen kann: Der Euro-Rettungsschirm. Nur so viel: Es gibt ständig neue Rettungspakete der EU: Europäischer Finanzstabilisierungsmechanismus (EFSM),[49] Europäische Finanzstabilisierungsfazilität (EFSF),[50] und der Europäische Stabilitätsmechanismus (ESM),[51] um nur die Bekanntesten zu nennen. Der ESM, ganz nebenbei gesagt, ist heute noch gültig und kann jederzeit aktiviert werden.

Das letzte Rettungspaket: Corona-Bonds

Als am 26. April 1986 der Reaktor-Block 4 des Kernkraftwerks Tschernobyl explodierte, erkannten die Behörden, dass eine der einfachsten und schnellsten Lösungen darin bestand, möglichst viel Beton über das Ganze zu schütten.

wikipedia.org (EFSM)

Nach wenigen Tagen wurde ein weiterer Betonsarg über das Ganze gelegt und dann noch einer. Als diese Jahrzehnte später brüchig wurde, baute man 2017 einfach einen noch größeren Sarkophag um das Ganze.[52] Und genauso funktioniert die europäische Finanz-Rettungspolitik. Die grundsätzliche Konstruktion des Euro ist teilweise fehlerhaft. Es wurde, wie bereits in vielen Währungsunionen zuvor, etwas zusammengepresst, das so einfach nicht zusammenpasst. Die Folge davon war die dauerhafte Platzierung von immer neuen Euro-Rettungsschirmen. Ein Rettungsschirm löste den anderen ab, aber der eigentliche Fehler lag im Kern der Konstruktion. Die USA haben 200 Jahre und einen Bürgerkrieg gebraucht, um eine Währung für die „Vereinigten Staaten" zu schaffen. Europa dachte, man könne es besser.

wikipedia.org (EFSF)

wikipedia.org (ESM)

Es sieht leider nicht so aus. Hoffen wir, dass wir ohne Krieg eine friedliche Lösung finden.

Ach ja … vielleicht noch etwas. Wenn die Menschen „Euro- Rettungsschirm" hören, denken die meistens an einen Regenschirm. Aber es ist den wenigsten bekannt, dass es sich dabei um einen (Rettungs-) Fallschirm handelt. Denn der Euro befindet sich seit seinem Start im freien Fall.

youtube.com

---

49 https://de.wikipedia.org/wiki/Euro-Rettungsschirm#Europäischer_Finanzstabilisierungsmechanismus_(EFSM)

50 https://de.wikipedia.org/wiki/Europäische_Finanzstabilisierungsfazilität

51 https://de.wikipedia.org/wiki/Europäischer_Stabilitätsmechanismus

52 https://youtu.be/--GUc5Fhyw4?si=FZmgy9xDcXMRtgRA

Fazit

Überprüfen Sie, ob Ihre Bank zu den von der EZB als „bedeutend" eingestuften Banken gehört? (Liste siehe Ressourcenbereich) Haben Sie in Gesamtsumme mehr als 100.000 Euro Einlagen bei dieser Bank?

Wie hoch ist im Durchschnitt der letzten 12 Monate die „geparkte" Liquidität aus Ihrem Wertpapierdepot bei dieser Bank? Bitte mit der Gesamtsumme Ihrer Einlagen bei dieser Bank addieren und prüfen, ob das Ergebnis 100.000 Euro überschreitet.

Die Lösung? Streuen Sie Einlagen und Aktienbeteiligung über verschiedene Banken im In- und Ausland. Stichwort Banken in Liechtenstein. Eine Liste der Banken in Liechtenstein finden Sie im Ressourcenteil.

Ressourcen

Gefahr Nr. 10 –
Die drei ewigen Wertspeicher nicht kennen

Wir haben bei Gefahr Nr. 3 die fünf übergeordneten Geldspeicher kennengelernt: Bargeld, Schulden, Immobilien, Unternehmen und Sachwerte. Aus diesen fünf Geldspeichern ergeben sich praktisch alle Produkte, welche auf dem Finanzmarkt vorhanden sind. Aber innerhalb dieser Tausenden Produkte gibt es nur drei, die als „ewige Wertespeicher" in Frage kommen.

Was ist ein „ewiger Wertespeicher"?

Es ist ein Sachwert, der Ihr Vermögen über Generationen, Jahrzehnte und sogar Jahrhunderte hinweg speichern kann. Stellen Sie sich das so vor: Sie nehmen einen dieser Wertespeicher, stecken ihn zum Beispiel in einen sehr großen Tresor, verschließen ihn und öffnen diesen Tresor in 100 Jahren wieder.

Und jetzt die Zauberfrage: **Hat dieser Wertespeicher nun denselben Wert wie vor 100 Jahren?** Sehen wir uns die drei großen Wertespeicher einmal der Reihe nach an. Zuerst aber zur Klarstellung:

Ist Bargeld ein Wertespeicher?

Wenn Sie 100.000 Euro in 100 Euroscheinen in diesen Tresor geben, werden diese in 100 Jahren denselben Wert haben wie heute? Die Antwort: Es ist mehr als fraglich, ob es in 100 Jahren überhaupt noch den Euro als Währung geben wird.

Die älteste durchgehende Währung der Welt ist das britische Pfund Sterling. Es gibt seit über 300 Jahren Pfund-Banknoten. 1694 wurde die Bank of England gegründet, die zunächst handbeschriebene, später gedruckte Noten in Umlauf brachte. 1785 wurde der Dollar als neue Währung der USA eingesetzt und ist seit damals relativ unverändert im Umlauf. Der WERT dieser beiden Währungen hat sich jedoch drastisch verschlechtert.

Während man 1903 für knapp 750 US-Dollar das erste Serienauto, das Ford Model A, kaufen konnte, bekommt man heute für dasselbe Geld gerade mal ein gutes Set Reifen. Der Wert eines Autos ist relativ gleich geblieben … der Wert der Währung ist jedoch drastisch gefallen.

Wie sieht es mit Geld auf einem **Sparkonto** oder in einer **Lebensversicherung** aus? Auch hier bleibt ein großes Fragezeichen, ob es die Bank oder das Versicherungsinstitut in 100 Jahren noch gibt. Oder die Währung. Angenommen, Sie finden auf dem Dachboden ein Sparbuch, auf dem 1.000.000 Reichsmark angelegt sind. Was wäre dieses wert? Nichts. Die Reichsmark wurde durch die Einführung der D-Mark im Jahr 1948 ersetzt und ist damit ungültig.

Und dann bleibt noch die Frage der **Inflation**. Eine kleine Rechenaufgabe: Wenn die jährliche Inflation mit 1 % angesetzt wird, und Sie 100.000 Euro haben … wie viel des Wertes ist nach 100 Jahren noch übrig? Abgerundet bleiben nach 100 Jahren Null Euro übrig.[53]

finanzen-rechner.net

Wie sieht es mit **Unternehmensbeteiligungen** aus, also beispielsweise Aktien? Unternehmen werden heute im Schnitt nur 9 Jahre alt.[54] Selbst große Firmen sind vor Pleiten nicht mehr gefeilt, wie uns die Industriegiganten wie Schlecker, Quelle oder Polaroid beweisen.

wirtschaftskurier.de

Was also sind die drei „ewigen Wertespeicher"?

Wertespeicher 1 – Grund und Boden

Immobilien erhalten doch auf jeden Fall ihren Wert, der auch durch die Inflation nicht aufgefressen wird? Nicht ganz. Die Annahme war, den Wert 100 Jahre lang nicht anzufassen. Wenn Sie eine Wohnung oder ein Haus 100 Jahre lang nicht Instand halten, wird es zerfallen und es wird nicht mehr viel davon übrig bleiben. Aber es gibt bei Immobilien zwei Faktoren, die sie ausmachen:

Die Immobilie selbst und der **Grund und Boden, auf dem sie steht. Grund und Boden sind dabei das eigentlich Wertvolle!**

---

53 https://www.finanzen-rechner.net/inflationsrechner.php

54 https://www.wirtschaftskurier.de/titelthema/artikel/unternehmen-werden-im-schnitt-nur-9-jahre-alt.html

Grund und Boden machen den ersten der drei alles überlebenden „ewigen Speicher" aus. Es gibt allerdings einen kleinen Wermutstropfen, auf den ich gleich noch näher eingehen werde. Kommen wir erst einmal zum zweiten der drei „ewigen Speicher".

Wertespeicher 2 – Gold

Edelmetalle – allen voran Gold – sind deshalb „edel",[55] weil sie nicht korrodieren. Das bedeutet, dass sie nicht durch Umwelteinflüsse, wie z.B. Sauerstoff, angegriffen werden. Eisen rostet und wird mit der Zeit zerstört. Edelmetalle nicht.

Edelmetalle werden auch nicht von Salzwasser angegriffen. Wenn Sie eine Golddublone, die 500 Jahre in einem versunkenen Schiff war, aus dem Wasser holen, glitzert und funkelt sie wie am ersten Tag. Die Kanonen desselben Schiffs mögen verrostet und vom Salz zerfressen sein, aber die Goldmünze ist schön wie am ersten Tag.

Gold galt in fast allen Weltkulturen und allen Zeiten als wertvoll. Und so ist es noch heute. Es ist in so großen Mengen vorhanden, dass es von Regierungen über Jahrhunderte als Deckung der Währung verwendet wurde.

wikipedia.org

Noch heute setzen Staaten und Vermögende auf Gold, wenn es um den Werterhalt geht (das ist auch ein Grund, warum der Staat wissen will, ob und wie viel Gold seine Bürger haben). Es gab in praktisch allen Staaten der Welt Phasen des Goldverbots. In diesen Zeitspannen war es nur dem Staat oder dem Herrscher (dem Adel) erlaubt, Gold zu besitzen. Meistens wurde das Gold eingesammelt und als Basis für eine neue Währung verwendet. Gold war übrigens auch in Deutschland in den letzten 100 Jahren drei Mal verboten worden.[56]

Gold war vor 300 Jahren wertvoll. Das wird es auch in 300 Jahren sein. Aber es gibt noch einen dritten „ewigen Speicher", der absolut unter dem Radar fliegt und nur von wenigen Menschen genutzt wird …

---

[55] Ach ja, das deutsche Wort „edel" ist sprachgeschichtlich mit „Adel" verwandt. Beide Wörter stammen aus dem althochdeutschen Wort „adal", das „vornehm", „edel" oder „vorzüglich" bedeutet. Damals waren Gold und bestimmte „edle Steine" nur dem Adel vorbehalten.

[56] https://de.wikipedia.org/wiki/Goldverbot

Wertespeicher 3 – Edelsteine

Edelsteine haben ähnliche Eigenschaften wie Gold: Sie korrodieren nicht, Salzwasser und Sauerstoff können ihnen nichts anhaben, sie können jahrhundertelang unangetastet im Boden vergraben oder im Meer liegen, ohne an Schönheit, Glanz und vor allem Wert zu verlieren.

Daneben haben Edelsteine noch einige andere Vorteil, die sie vor allem für Privatleute zu einer außerordentlich interessanten Anlage machen: Sie werden vom Staat als „nicht relevant" angesehen. Es gibt einfach zu wenig davon, um für einen Staat interessant zu sein. Hinzukommt die Komplexität, die Echtheit und den Wert der Steine festzustellen.

Daher werde ich den Rest des Kapitels etwas mehr über Edelsteine reden, da ich selbst erst die letzten Jahre deren wahren Wert zu verstehen begonnen habe und mir sicher bin, Ihnen da einen echten Schatz präsentieren zu können – im wahrsten Sinn des Wortes. Fangen wir mit der Wertdichte an.

gold.de

Was bedeutet Wertdichte?

statista.com

Eine Million Euro in Gold wiegen etwa 10–15 Kilogramm (stark abhängig vom jeweiligen Kurs). Es ist unmöglich, damit unbemerkt in ein Flugzeug zu steigen, weil Flughafenscanner auf Metall und Flüssigkeiten ausgelegt sind.

Eine Million in hochwertigen Edelsteinen, beispielsweise Rubinen, wiegen gerade einmal 15 Gramm. Das ist in etwa gleich viel wie drei bis vier Glasmurmeln. Sie passen in jede Hosentasche oder Rucksack und werden von Scannern NICHT entdeckt. Ich habe es persönlich ausprobiert.

Ein weiterer Vorteil von Edelsteinen ist deren **Seltenheit**. Selten macht wertvoll. Die jährliche Fördermenge von Gold und Diamanten wird in Tonnen gemessen. 2023 wurden weltweit ca. 3.600 Tonnen Gold[57] und ca. 24 Tonnen Diamanten[58] gefördert.

---

57 https://www.gold.de/goldfoerderung/

58 https://de.statista.com/statistik/daten/studie/268206/umfrage/entwicklung-der-produktion-von-rohdiamanten/

Die Fördermengen von hochwertigen Edelsteinen hingegen werden in Kilogramm gemessen. Zwischen 1998 bis 2001 wurden gesamt neun Kilogramm hochwertige Kaschmir-Saphire in Indien gefördert. Diese zählen zu den teuersten Edelsteinen überhaupt. Zwischen 2002 und 2007 wurden 21 Kilogramm gefördert, das sind knappe vier Kilogramm pro Jahr. In den letzten Jahren wurden praktisch keine mehr gefördert.

Das führt zu einem interessanten Effekt: Es gibt genug hochwertige Edelsteine, um sie für private Anleger als Wertspeicher interessant zu machen, aber es gibt nicht genug, um sie für Staaten interessant zu machen.

Der Preis für den oben erwähnten blauen Kaschmir-Saphir liegt, je nach Qualität und Größe, zwischen 5.000 und 50.000 Euro … pro Karat.[59] Ein Karat sind 0,2 Gramm. Vier Kilogramm davon entsprechen damit 20.000 Karat und damit der jährlichen Fördermenge an blauen Kaschmir-Saphiren, einem der teuersten Edelsteine der Welt. Wenn der durchschnittliche Karatpreis für den blauen Kaschmir-Saphir bei 10.000 Euro pro Karat liegt, entspricht das einem Gegenwert von 200 Millionen Euro.

navneetgems.com

200 Millionen Euro sind für private Investoren ein großes Investment. Aber für Staaten oder institutionelle Anleger (Versicherungen oder Pensionsfonds) viel zu klein und damit völlig uninteressant!

mining-technology.com

2023 wurden etwa 300 Milliarden Euro allein an Gold gefördert (basierend auf dem aktuellen Goldpreis) … und das in einem schlechten Jahr. Das sind die Summen, die für Staaten interessant sind. Silber, andere Edelmetalle und seltene Erden nicht mitgerechnet. Der gesamte weltweite Edelsteinmarkt wird auf 23 Milliarden Dollar geschätzt.[60]

Ich kann mir denken, was Sie sich jetzt fragen: *„Aber Markus, das ist ja alles schön und gut, aber, wofür werden Edelsteine verwendet? Gold hat zum Beispiel einen echten Anwendungsbereich in der Industrie. Gold*

[59] https://www.navneetgems.com/kashmir-blue-sapphire/

[60] https://www.mining-technology.com/features/gemstone-mining-map-2/

ist ein guter Leiter. In allen Mikrochips ist Gold enthalten, wenn auch in kleinen Mengen. Notenbanken kaufen Gold, da sie um seinen Werterhalt wissen. Was aber ist mit Edelsteinen, wo liegt der Wert von Edelsteinen?"

Es gibt verschiedene Ansätze, den Wert eines Objekts zu bestimmen. Zwei zentrale Aspekte sind dabei der praktische und der intrinsische Wert:

- **Praktischer Wert:** Dieser bezieht sich auf die Nützlichkeit eines Objekts. Gold beispielsweise hat einen hohen praktischen Wert, da es als exzellenter Leiter in Mikrochips und Mobiltelefonen verwendet wird.
- **Intrinsischer Wert:** Hierbei geht es um den innewohnenden Wert eines Gegenstands, unabhängig von seinem praktischen Nutzen. Was ist beispielsweise der intrinsische Wert eines Eherings oder einer Goldkette? Solche Objekte haben oft eine emotionale oder symbolische Bedeutung, die sie wertvoll macht.

Weiterhin gibt es übergeordnete Kriterien, die den Wert von etwas bestimmen, damit es als wertvoll angesehen wird. Im Fall von Edelsteinen (und den meisten anderen Gegenständen) sind drei Merkmale entscheidend:

1. **Seltenheit:** Je seltener ein Stein, desto wertvoller ist er.
2. **Natürlichkeit:** Nur natürliche Edelsteine gelten als echte Schätze.
3. **Schönheit:** Ein Edelstein muss durch Farbe, Brillanz oder Form ästhetisch ansprechend sein.

Diese Kriterien machen deutlich, warum bestimmte Dinge als besonders wertvoll wahrgenommen werden. Der Hauptnutzen von Edelsteinen liegt in der Herstellung von Schmuck, denn die Schmuckindustrie ist der Hauptabnehmer von Edelsteinen. Tiffany & Co. ist ein 1837 in New York City gegründeter Juwelier aus den Vereinigten Staaten. Das Unternehmen ist für hochpreisigen Schmuck, Armbanduhren, Edelsteine, sowie Accessoires international bekannt und verfügt über ein globales Filialnetzwerk mit 315 eigenen Ladengeschäften. Tiffany machte allein im Jahr 2019 bei einem Umsatz von

4,4 Milliarden Dollar einen Gewinn von über 500 Millionen Dollar[61] Zum Vergleich: Der deutsche Uhren- und Schmuckfachhandel zählte 2016 insgesamt 7.715 Unternehmen und erwirtschaftete einen Nettoumsatz in Höhe von 5,77 Milliarden Euro.[62]

Und Schmuck?

Die Verwendung von Schmuck geht auf die Anfänge der Menschheit zurück. Neueste Forschungen weisen darauf hin, dass Menschen sich bereits vor 100.000 Jahren mit Muscheln schmückten. Halsschmuck, sowohl von einfachen, als auch schon mehrgliedrigen Halsketten wurde bereits aus der Altsteinzeit belegt. Die Menschen der Steinzeit arbeiteten ihre Halsketten aus Muschel- und Schneckengehäusen (z.B. von Kaurischnecken), Tierzähnen, Fischwirbeln und Perlen. Anhänger wurden aus Knochen, Steinen und auch bereits aus Bernstein gearbeitet.[63] Das war vor 25.000 Jahren!

statista.com

Wenn Edelsteine so toll sind, warum weiß ich dann nicht viel darüber? Heute haben Edelsteine den Ruf, nur von Prinzen und Promis gekauft zu werden. Auf Auktionen werden die ganz besonderen Unikate von Diamanten und Farbedelsteinen und damit Edelsteine, die es in dieser Größe und Qualität wirklich nur einmal auf der Welt gibt, zu mehrstelligen Millionenbeträgen verkauft. Die Allgemeinheit geht generell davon aus, dass man nur in diesen Dimensionen Edelstein-Investments tätigen kann. Dies ist jedoch falsch. Die Wahrheit ist: Es fehlt nur das entsprechende Fachwissen, um hochwertige Edelsteine einzukaufen.[64]

handelsdaten.de

wikipedia.org

Der Goldkauf ist geregelt und in unserem Finanzsystem weltweit fest etabliert. Ein Kilogramm Gold in Japan ist auch ein Kilogramm Gold in Deutschland. Ähnlich verhält es sich bei Farbedelsteinen. Auch Sie werden auf der ganzen Welt, im ersten Schritt, nach dem

[61] https://de.statista.com/statistik/daten/studie/250720/umfrage/umsatz-und-jahresueberschuss-von-tiffany-und-co/

[62] https://www.handelsdaten.de/branchen/schmuck-und-uhrenfachhandel

[63] https://de.wikipedia.org/wiki/Schmuck

[64] Wichtig: ich rede hier bewusst von Farbedelsteinen, nicht von Diamanten. Der Diamantenmarkt wird von einer Handvoll Firmen weltweit kontrolliert, wie z.B. De Beers … und damit auch der Preis! Dies ist bei Farbedelsteinen nicht der Fall.

gleichen Prinzip befundet (bewertet). Bei der Befundung werden in renommierten Laboren (wie z.B. der Deutschen Stiftung Edelsteinforschung DSEF German Gem Lab in Idar-Oberstein, Gübelin Gem Lab Ltd. in Luzern und die Baseler SSEF – Schweizerische Stiftung für Edelstein-Forschung) Farbe, Reinheit, Schliff, Gewicht und Echtheit der Edelsteine bestimmt. Die weltweite Grundlage dafür liefert die Cibjo (World Jewellery Confederation) mit ihren Vorgaben. Danach wird der Einzelhandelspreis der Edelsteine durch dafür speziell ausgebildete Experten auf der ganzen Welt nach dem gleichen Bewertungsprinzip festgestellt. Ein Rubin mit einem in Deutschland festgestellten Preis wird danach auch mit einer Bewertung in Japan oder in den USA, in Abhängigkeit von der jeweiligen Landeswährung und Währungsschwankungen, in etwa den gleichen Preis erzielen.

Jeder Edelstein ist einzigartig, wie Schneeflocken oder Fingerabdrücke. Es gibt praktisch aufgrund der Vielfalt der Kombinationsmöglichkeiten keine zwei gleichen Edelsteine. Eine annähernd weltweit gleiche Bewertung ist trotzdem möglich.

Jeder Edelstein ist – meist über Millionen oder sogar Milliarden von Jahren – „gewachsen". Er hat natürliche Einschlüsse, die bei Top-Steinen nur unter der Lupe sichtbar sind. Darum sind sie – im Gegensatz zu Diamanten – nicht künstlich herzustellen, bzw. merkt man es sofort. Daneben gibt es noch verschiedene Farben, Reinheiten und Schliffe. All das macht jeden einzelnen Edelstein zu einem Unikat.

Das führt natürlich dazu, dass ich als Laie einen Stein von einem anderen nicht unterscheiden kann. Wenn mir jemand drei ähnlich aussehende Steine zeigen würde, wovon der Eine 100 Euro, der Andere 10.000 Euro Wert hätte und der Dritte ein Glasstein wäre, bin ich mir nicht sicher, ob ich genau sagen könnte, welcher Stein wie viel Wert ist.

Selbst professionelle Sachverständige (Labore und gerichtlich vereidigte Sachverständige) und Gemmologen (Fachleute für Edelsteine) verwenden verschiedene Instrumente, um die Echtheit und Qualität eines Steines zu prüfen.

Und genau hier hört das Wissen des Laien auf und beginnt das Wissen des Experten. Oftmals ist der erste Gedanke, wenn es um einen Experten in Sachen Edelsteine geht, der Juwelier. Ein Juwelier ist jedoch in erster Linie ein Experte für Schmuck. Er wird Ihnen einen Edelstein in ein Schmuckstück einfassen, beispielsweise in einen Ring oder eine Halskette. Er wird Ihnen jedoch keinen geschliffenen Edelstein als Investment anbieten. Warum? Weil der Juwelier dadurch seine Arbeitszeit nicht verkaufen kann. Das Geschäft des Juweliers ist seine Arbeitsstunde, nicht der Handel mit Edelsteinen. Sie werden dadurch in der Regel immer einen wunderschönen Schmuckstein erwerben, der nicht unbedingt als Investment-Edelstein gewertet werden kann.

Gute Juweliere machen wunderschönen Schmuck ... und dafür möchten (und sollen) sie auch gut entlohnt werden.

Ich habe mich die letzten Jahre sehr intensiv mit dem Thema Edelsteine auseinandergesetzt. Dabei habe ich gelernt, dass man zwischen Schmucksteinen und Investment-Steinen unterscheiden muss. Es ist ein Unterschied, ob Sie einen Stein kaufen, um daraus einen Ring zu machen, oder ob Sie einen Stein kaufen, um Ihr Vermögen abzusichern.

Auf dem nachfolgenden Bild sehen Sie Angelina Jolie mit ihren Smaragd-Ohrringen im Wert von circa 2,5 Millionen Dollar. Das ist eine unerreichbare Kaufsumme für uns normale Privatanleger. Aber glücklicherweise beginnen Investments in Farbedelsteine schon ab einem Preis von 15.000 Euro. Jeder Investment-Edelstein ist auch ein Schmuckstein, während nicht jeder Schmuckstein ein Investment- Edelstein sein muss.

Angeline Jolie mit 2,5 Mio. Dollar Smaragd-Ohrringen
Quelle: Matt Sayles / AP

„Vergleichbarer" Schmuckstein um nur 17,25 Euro
Quelle: eBay

Für Investments untaugliche Schmucksteine sind schon ab wenigen Euros zu haben Das zweite Bild zeigt einen Smaragd auf eBay. Er hat etwa dasselbe Gewicht wie der Edelstein von Angelina Jolie, kostet aber nur um die 17 Euro.

Was ich damit sagen will ist, dass es keinen Sinn macht, auf Plattformen wie eBay oder Amazon nach Investment-Edelsteinen zu suchen. Sie brauchen einen Profi dazu. Im Ressourcenbereich[65] finden Sie entsprechende Empfehlungen dazu.

Fazit

Sichern Sie Teile Ihres Vermögens in einem Sachwert-Portfolio ab, welches Jahrhunderte überleben wird. Jede Regierung. Jede Währung und jede Katastrophe.

Dieses Portfolio sollte aus Grund und Boden, physischem Gold und Investment-Farbedelsteinen bestehen. Achtung: Erwarten Sie von diesen Investments keine Zinsen oder Spekulationsgewinne. Sie werden Ihnen im Falle eines Systemcrashes, eines Krieges oder eines anderen, unerwarteten Ereignisses mit sehr, sehr hoher Wahrscheinlichkeit Teile Ihres Vermögens erhalten und stellen eine sehr gute Absicherung gegen Inflation dar.

Ressourcen

Denken Sie dabei extrem langfristig. Gehen Sie davon aus, dass Sie auf dieses Vermögen idealerweise nicht während Ihrer Lebenszeit zugreifen müssen. Die einzige Situation, in welcher Sie darauf zugreifen wollen, wäre eine absolute, extreme Notsituation, wenn Sie etwa das Land für immer verlassen müssten und woanders eine neue Existenz aufbauen wollen.

Kaufen Sie physisches Gold – keine Goldminenaktien, kein Bruchteilseigentum an Gold, keine direkten Beteiligungen an Goldminen oder Ähnliches. Indirekte Gold-Investments sind zum großen Teil sehr intransparente Investments, die nur ein Anrecht auf Gold dokumentieren, ohne dass Sie dabei das Gold tatsächlich besitzen.

Kaufen Sie Barren oder Münzen, die Sie dann auch tatsächlich im wahrsten Sinn des Wortes besitzen – also sich darauf setzen können – die Sie eingegraben oder in einem Zollfreilager (z.B. in Liechtenstein) lagern können.

Kaufen Sie einen Acker oder ein Stück Brachland. Es wird in den nächsten 20 bis 30 Jahren vermutlich nicht viel passieren, aber

[65] https://markusdan.com/gefahren-ressourcen

dieser Grund wird Ihnen noch in 50 oder 100 Jahren gehören. Oder zumindest Ihren Kindern oder Enkeln. Und er wird in 50 oder 100 Jahren noch einen Wert haben. Hier können Sie dann auch gleich Ihr Gold vergraben.

Legen Sie sich Investment-Edelsteine zu. Sie sind die allerletzte Notfallreserve. Wenn alle Stricke reißen, wenn Sie das Land kurzfristig verlassen und woanders eine neue Existenz aufbauen müssen und nur 10 Minuten Zeit haben, Ihr Hab und Gut zu packen … die Edelsteine müssen dabei sein.

- **Grund und Boden** waren vor 1.000 Jahren wertvoll. Und sind es noch heute. Und werden es vermutlich die nächsten 1.000 Jahre sein.
- **Gold** war vor 1.000 Jahren wertvoll. Und ist es heute. Und wird es vermutlich die nächsten 1.000 Jahre noch sein.
- **Edelsteine** waren vor 1.000 Jahren wertvoll. Und sind es heute. Und werden es vermutlich die nächsten 1.000 Jahre noch sein.

DAS sind die ewigen Wertespeicher.

Wenn Angelina Jolie das Land verlassen müsste – glauben Sie mir –, sie würde ihre Smaragd-Ohrringe im Wert von über 2 Millionen Dollar mitnehmen. Sie kann diese Edelsteine, wo einer davon eine Million Dollar wert ist, problemlos aus der Fassung brechen, in ihre Hosentasche stecken und in einem anderen Land verkaufen. Sie wird zwar nicht den selben Preis erhalten, den sie bezahlt hat, aber sie wird genug dafür bekommen, um damit ein neues Leben beginnen zu können. Wenn sie sich genug Zeit für den Verkauf lassen kann, wird sie mit hoher Wahrscheinlichkeit noch einen ordentlichen Profit damit machen.

Exklusive Beratung: Wie Sie mit Investment-Farbedelsteinen Ihr Vermögen gezielt absichern und vermehren

Meiner Meinung nach gehören **Investment-Farbedelsteine** in jedes Portfolio.

Sie helfen, Ihr Kapital vor Inflation, wirtschaftlichen Krisen und Währungsrisiken zu schützen – und sind eine wertbeständige, diskrete und bewährte Anlagestrategie.

Um sicher und einfach in Investment-Farbedelsteine zu investieren, braucht es einen seriösen Partner, der fundierte Expertise in Finanzwesen und Edelsteinhandel vereint.

Das Deutsche Edelsteinhaus ist meiner Erfahrung und Beobachtung nach das Top-Unternehmen in Europa, das genau diese Anforderungen erfüllt – mit jahrelanger Erfahrung, geprüfter Fachkompetenz und klarem Fokus auf nachhaltige und wertbeständige Investments in Edelsteine.

In einem persönlichen Gespräch erfahren Sie, wie Sie mit Investment-Farbedelsteinen eine strategische Anlageklasse nutzen, die unabhängig von Banken, Börsen und Finanzmärkten an Wert gewinnt.

Das erwartet Sie in Ihrer individuellen Beratung:

- **Wie Sie mit Edelsteinen Ihr Portfolio intelligent diversifizieren** – und sich gegen Börsenschwankungen, Währungsreformen und Inflation absichern.
- **Sie entdecken, wie Investment-Farbedelsteine attraktive Renditen erzielen** – und warum ihre Wertsteigerung stabiler verläuft als bei Aktien, Immobilien oder Edelmetallen.
- **Warum Investment-Farbedelsteine seit Jahrhunderten von wohlhabenden Familien und Investoren genutzt werden** – und wie auch Sie davon profitieren können.
- **Welche 12 Edelsteine sich wirklich als Investment eignen** – und worauf Sie achten müssen, um kluge Entscheidungen zu treffen.

- **Wie Sie jederzeit in eine wertbeständige Anlage einsteigen können** – ohne das Risiko plötzlicher Verluste oder schlechter Marktphasen.
- **Warum gerade jetzt der perfekte Zeitpunkt ist** – und welche Chancen sich aktuell bieten.

Ist das Gespräch das Richtige für Sie?

Der Kauf von Investment-Farbedelsteinen ist eine exklusive Anlagestrategie, die nicht für jeden geeignet ist. Damit Sie langfristig davon profitieren, sollten folgende Voraussetzungen auf Sie zutreffen:

- Sie möchten Ihr Vermögen in einer stabilen Sachwertanlage sichern, die unabhängig von politischen und wirtschaftlichen Einflüssen Bestand hat.
- Sie verfügen über ein investierbares Barvermögen von mindestens 15.000 € und suchen eine wertbeständige Ergänzung für Ihr Portfolio.
- Sie legen Wert auf Diskretion und Unabhängigkeit – ohne Meldepflichten, staatliche Kontrolle oder Abhängigkeit von Banken.
- Sie denken langfristig und haben einen Anlagehorizont von mindestens 5 bis 10 Jahren – idealerweise mit dem Ziel, Ihr Vermögen über Generationen weiterzugeben.

Terminbuchung

Trifft das auf Sie zu? Dann erfahren Sie in einem persönlichen Beratungsgespräch, wie Sie Investment-Farbedelsteine gezielt für Ihren Vermögensaufbau nutzen können.

Nutzen Sie diese Gelegenheit

Buchen Sie jetzt Ihr unverbindliches Beratungsgespräch und erfahren Sie, wie Investment-Farbedelsteine Ihr Vermögen schützen und vermehren können:

Hier geht‘s zur Terminbuchung:

https://markusdan.com/termin-edelsteinhaus

Worauf müssen Sie beim Kauf achten? Auf jeden Fall sollte ein Befundbericht von einem weltweit renommierten Labor vorliegen, welcher Ihnen die technische Spezifikation und die Echtheit des Edelsteins bestätigt. In Deutschland wäre ein solches Labor das DSEF (Deutsche Stiftung Edelsteinforschung).[66]

Zusätzlich sollte ein Wertgutachten von einem gerichtlich vereidigten deutschen IHK-Sachverständigen vorliegen.[67] Im Ressourcenbereich finden Sie einige wichtige Tipps und Empfehlungen zum Thema.

dsef.de

Es gibt ein sehr gutes Video zu dem Thema mit dem Titel: „Worauf Sie beim Kauf von Investment-Edelsteinen achten müssen." Sie finden es hier:

https://www.markusdan.com/edelsteine-kaufen

ihk.de

Ich selbst habe Investment-Edelsteine als Teil meines Portfolios (neben Gold, Silber und Grundstücken) gekauft. Der (meiner Meinung nach) beste und seriöseste Anbieter ist die Deutsches Edelsteinhaus DEH GmbH (siehe Infokasten oben).[68] Fairerweise muss ich dazu sagen, dass der Gründer, Alexander Streeb, mittlerweile ein guter Freund von mir geworden ist und ich diesbezüglich befangen bin.

Edelsteine kaufen

Nichtsdestotrotz, Edelsteine sollten als Ergänzung zu Edelmetallen und Grund/Boden in jedes seriöse Portfolio.

deutsches-edelsteinhaus.com

66 https://www.dsef.de/

67 https://svv.ihk.de/svw-suche/4931566/suche-extern?suchbegriffe=Edelsteine Sie müssen dort im Suchfeld „Edelsteine" eingeben.

68 https://www.deutsches-edelsteinhaus.com

WEBINAR: INVESTMENT FARBEDELSTEINE
Die geheime Zutat für Ihr sicheres Portfolio
Anonymität, Diversifikation, Sicherheit … und viele weitere Gründe, warum Edelsteine im Fokus der Top-Anleger stehen.
Eine ideale Portfolio-Ergänzung.
Mehr dazu im Online-Vortrag:

BONUS-KAPITEL: Warum ich dieses Buch geschrieben habe?

Hi Markus hier. Vielleicht fragen Sie sich gerade: Warum sollte jemand, der nicht in diesem Bereich tätig ist, der kein Finanzberater ist, der kein Gold verkauft … warum sollte so jemand ein Buch über diese Themen schreiben und all dieses Wissen hergeben – noch dazu zu so einem niedrigen Preis?

Das offensichtliche Zuerst. Ich gebe den ein oder anderen Tipp in diesem Buch, empfehle das ein oder andere Gespräch. Ich bin seit über 20 Jahren Unternehmer und baue Geschäfte. Auch hier, wenn Sie etwas kaufen, bekomme ich einen kleinen Bonus dafür. Das habe ich bereits in meiner Einleitung gesagt und sage es hier nochmals. Und ich hoffe, dass damit zumindest die Druckkosten und Versandkosten wieder reinkommen. Aber das ist nicht der eigentliche Grund (das mache ich eher, um meinen immer laufen Unternehmer-Geschäftssinn zu befriedigen – und Hey, vielleicht liest ein großer Verlag dieses Buch im Eigenverlag und macht ein gutes Angebot … Zwinker, Zwinker). OK, hätten wir diese subtile Werbung auch erledigt.

Der eigentliche Grund ist aber ein anderer.

Ich persönlich glaube, dass es in absehbarer Zukunft zu einer gigantischen Vermögensumverteilung kommen wird, bzw. dass eine solche im Gange ist. Geld verschwindet nicht. Es wechselt lediglich den Besitzer. Mit Vermögensumverteilung meine ich, dass bald eine Menge Leute eine Menge Geld verlieren werden. Wäre nicht das erste Mal. Passiert ständig in der Geschichte. Deutschland ist sich dessen nicht mehr bewusst. Die wirklich harten Zeiten sind vorbei. Aber Sie werden wieder kommen. Da bin ich mir sicher. War schon immer so.

Sollte dieses kleine Buch nun dazu beitragen, dass auch nur eine einzige Person, eine einzige Familie, einen Teil oder gar das gesamte Vermögen vor dieser Umverteilung schützen kann – ist meine Mission erfüllt.

Als ich jung war, sind meine Eltern oft ins damalige Jugoslawien ans Meer gefahren. War jedes Mal eine tolle Zeit! Ich habe da auch einige Freunde kennengelernt, mit denen ich heute noch sporadisch in Kontakt bin, nach über 40 Jahren. Und ich habe damals, in den 1980er und 1990-er Jahren, bei Freunden gesehen, wie eine Hyperinflation das Vermögen von Generationen in kürzester Zeit auslöschen kann.

Ich habe später bei meiner eigenen Mutter gesehen, wie wenig Sie am Ende Ihrer Kapital-Lebensversicherung ausbezahlt bekommen hat, trotz großer Versprechen seitens der Versicherungen. Ich weiß aus eigener Erfahrung, wie schwer es ist, Vermögen aufzubauen – und wie schnell man es wieder verlieren kann.

Durch verschiedene Umstände führe ich ein außergewöhnliches Leben. Ich tippe diese Zeilen in meinen Laptop, in einer Strandbar, mit Blick aufs Meer, die Kokosnuss neben mir. Ich habe praktisch jeden Tag Urlaub, da ich bereits 2008 Österreich verlassen habe. Ich habe in dieser Zeit (und davor) Dinge gesehen und erlebt, die den meisten Menschen verborgen bleiben. Eines davon ist die bittere Erkenntnis, was mit Vermögen geschieht, wenn man sich nicht aktiv darum kümmert.

Ich bin der festen Überzeugung, dass es unsere Pflicht ist, andere auf Gefahren aufmerksam zu machen, wenn wir sie erkennen. Es mag nicht meine Verantwortung sein, ob jemand darauf reagiert oder etwas dagegen unternimmt. Aber ich sehe es als meine Verantwortung an, zumindest darauf hinzuweisen, dass ein Fahrstuhlschacht offen ist, wenn ich einen solchen sehe. Sollte jemand trotzdem so doof sein und eine solche Warnung ignorieren und abstürzen … liegt das nicht mehr in meiner Verantwortung. Sie verstehen, was ich meine?

Genau das ist der Zweck dieses Buches: auf Gefahren hinzuweisen und gleichzeitig Lösungen aufzuzeigen. Und zwar für möglichst viele Menschen. Um dieses Ziel zu erreichen und so viele wie möglich auf diese Risiken aufmerksam zu machen, muss ich diese anderen zuerst erreichen – und dabei spielen Sie eine entscheidende Rolle.

Daher habe ich eine kleine Bitte an Sie: Wenn Sie dieses Buch und seinen Inhalt bisher als wertvoll empfunden haben, würde es mir sehr viel bedeuten, wenn Sie Ihre positive Erfahrung weitergeben. Helfen Sie den Menschen, die nach Ihnen kommen, indem Sie sich kurz Zeit nehmen und eine ehrliche Rezension hinterlassen.

Es kostet Sie nichts, könnte jedoch für jemanden, der die Rezensionen dieses Buches liest und versucht zu entscheiden, ob es ihm wirklich helfen kann, von unschätzbarem Wert sein. Und es erfordert von Ihnen nicht mehr als 60 Sekunden Ihrer Zeit.

Besuchen Sie einfach https://markusdan.com/meinungen/ und hinterlassen Sie Ihre Rezension.

Ein zusätzlicher Guter-Wille-Bonus: Wenn Sie besonders großzügig sind, kopieren Sie Ihre Rezension und fügen Sie diese auf der Amazon-Seite des Buches ein. Klicken Sie dort einfach auf „Dieses Produkt rezensieren", um Ihre Bewertung direkt zu hinterlassen.

Rezension

Ganz herzlichen Dank! Menschen wie Sie motivieren mich, weiterhin das zu tun, was ich tue.

Jetzt aber zurück zu den ernsten Dingen des Lebens und den Gefahren, die Ihr Vermögen bedrohen.

Gefahr Nr. 11 – Substantielle Besteuerung

Wussten Sie, dass die EU ein zentrales Vermögensregister plant? Und damit einen massiven Angriff auf unsere Vermögenswerte startet! Die Ausschreibung dazu wurde am 16. Juli 2021 veröffentlicht.[69] Das Projekt ist also bereits gestartet.

Brisant dabei ist, dass praktisch alle Vermögenswerte digital erfasst werden sollen. Das beinhaltet nicht nur Spareinlagen, sondern auch Investmentfonds, direkte Aktienbeteiligungen und Immobilien. Das sind nun alles Vermögenswerte, die ohnehin im Rahmen jeder Steuererklärung erfasst werden.

Das Perfide an diesem Vermögensregister ist jedoch, dass auch Werte erfasst werden sollen, die bisher NICHT erfasst wurden, beispielsweise Barvermögen und Gold, als auch Exoten wie Kunst und Kryptowährungen.

ted.europa.eu

Der große Plan

Die offizielle Begründung lautet, und das ist auch im Titel: Bekämpfung von Geldwäsche und Steuerhinterziehung. Die Ausschreibung heißt ja auch offiziell „Machbarkeitsstudie für ein Europäisches Vermögensregister in Hinblick auf die Bekämpfung von Geldwäsche und Steuerhinterziehung". Bitte lassen Sie sich vom Titel nicht täuschen.

Machbarkeitsstudien sind in der Gesetzgebung üblich und stehen kommenden Gesetzen vor. Während also vorgegeben wird, gegen Geldwäsche und Steuerhinterziehung vorzugehen, geht es tatsächlich, wie so oft, um etwas ganz anderes. Es geht darum, dass den Regierungen der EU an einer Quelle direktes, gebündeltes, punktgenaues Wissen gegeben werden soll, wer von welchem Vermögen wie viel, wo besitzt.

[69] https://ted.europa.eu/de/notice/-/detail/358265-2021

Warum sollten das die Regierungen wissen wollen?

Nun, böse Zungen behaupten, damit sie auf dieses Vermögen zugreifen können. Der Ausschreibungstext sagt explizit, dass dieses Vermögensregister in eine „künftige politische Initiative einfließen" soll und lässt damit viel Gestaltungsmöglichkeiten für die Politik, um sich Zugriff auf Ihre Daten und somit auch auf Ihre Vermögenswerte zu verschaffen. Warum sollte DAS denn wichtig sein, werden Sie sich vielleicht fragen? Stichwort „Substantielle Besteuerung".

Was ist eine substanzielle Besteuerung?

Eine substanzielle Besteuerung bedeutet, dass nicht nur die Gewinne, sondern das Vermögen selbst besteuert wird. Man geht dabei an die „Substanz" seines Besitzes. Es wird also nicht besteuert, was Sie (an Gewinn) machen, sondern was Sie HABEN (besitzen)!

spd.de

Was ist denn das wieder für ein Aluhut, Markus? Oh, kommt nicht von mir, habe ich in einem Parteiprogramm gelesen. In zweien: dem der Grünen und dem der SPD. Beide sehen in ihrem Wahlprogramm die Wiedereinführung einer Vermögenssteuer auf die Substanz vor! Im Parteiprogramm der SPD[70] steht auf Seite 23:

gruene.de

„Wir wollen die Vermögensteuer wieder in Kraft setzen, auch um die Finanzkraft der Länder für wichtige Zukunftsaufgaben zu verbessern. Wer sehr viel Vermögen hat, muss einen größeren Beitrag zur Finanzierung unseres Gemeinwesens leisten. Deshalb werden wir unter anderem einen maßvollen, einheitlichen Steuersatz von einem Prozent für sehr hohe Vermögen einführen. Gleichzeitig wird es hohe persönliche Freibeträge geben, so dass sich die Steuerbelastung auf besonders vermögende Teile der Bevölkerung konzentriert."

Die Grünen sind da schon etwas konkreter.[71] Da heißt es auf Seite 92: *„Wir wollen solche Gestaltungsmöglichkeiten abbauen und große Vermögen wieder stärker besteuern. Dafür gibt es verschiedene Instrumente wie zum Beispiel die Erbschaftssteuer oder die Vermögensteuer. Die*

[70] https://www.spd.de/fileadmin/Dokumente/Beschluesse/Programm/SPD-Zukunftsprogramm.pdf

[71] https://cms.gruene.de/uploads/assets/Wahlprogramm-DIE-GRUENEN-Bundestagswahl-2021_barrierefrei.pdf

Einführung einer neuen Vermögensteuer für die Länder ist unser bevorzugtes Instrument. Die Länder sollten die Einnahmen dieser Steuer für die Finanzierung der wachsenden Bildungsaufgaben einsetzen. Die Vermögensteuer sollte für Vermögen oberhalb von zwei Millionen Euro pro Person gelten und jährlich ein Prozent betragen."

Sie haben richtig gelesen. Die Grünen wollen Reichen Geld wegnehmen und es in die Bildung stecken. Oder in die Rüstung, Sie wissen schon, der Russe. Warum man das tun will? Die Grünen fühlen sich als Robin Hood. „Vermögensungleichgewicht" innerhalb der EU ist der Grund. Es wird auch offen von einer „gerechten Verteilung von Einkommen und Vermögen" geredet.

Bitte bedenken Sie, dass hier offen von Diebstahl geredet wird, begründet mit schönen marxistischen Parolen der Gleichheit und Brüderlichkeit. Natürlich klingt eine solche Forderung für all jene gut, die weniger als 2 Millionen haben. Immerhin gibt es in Deutschland zur Zeit etwa 1,5 Millionen Millionäre[72] – fast 2 % der Bevölkerung. Und viele davon würde eine solche Steuer treffen.

faz.net

Aber denken Sie weiter. Glauben Sie wirklich, man würde vor 2 Millionen halt machen. Oder 2 Millionen würden reichen? Als nächstes sind die Millionäre dran. Dann Eigentum bis 500.000. Da gehört dann aber auch schon das Haus oder die Wohnung dazu. Dann kommen 100.000. Dann ab dem ersten Euro.

Lassen Sie sich nicht blenden. Es beginnt immer klein. Sollte ein solches Gesetz durchgehen – und ich befürchte, früher oder später wird ein solches oder ein etwas ähnliches durchgehen – können Sie sich ausrechnen, welche Gefahr das für Ihr Vermögen bedeuten kann.

Fazit

Wenn Sie Geld haben, wird es immer eine Gruppe von Menschen geben, die es Ihnen wegnehmen wollen. Allen voran ein sozialistischer Staat. Wir befinden uns im Moment in Europa mittendrin.

[72] https://www.faz.net/aktuell/finanzen/die-zahl-der-millionaere-in-deutschland-steigt-auf-1-5-millionen-17411789.html

Sie haben drei Möglichkeiten: Dagegen kämpfen, kapitulieren oder wegziehen. Im Jahr 2023 **verließen etwa 265.000 deutsche Staatsangehörige Deutschland**, sonst sind es so um die 200.000 herum.[73] Und glauben Sie mir, es sind nicht die Straßenkehrer und Hausmeister, die Deutschland den Rücken drehen.

Nur die Wenigsten tun es, weil Sie arm sind und in einem anderen Land Ihr Glück versuchen. Zugegeben, viele ziehen nur in ein benachbartes Land, vorzugsweise die Schweiz oder Österreich. Viele kommen auch wieder zurück. Aber Sie können mir glauben, dass es immer mehr Menschen sind, die ein Vermögen haben, immer mehr Unternehmer und Leute, die etwas aufbauen. Ich selbst gehöre dazu und werden in einem anderen Kapitel noch einmal auf das Thema eingehen, für all jene, die es ernst meinen.

Was bleibt, ist dagegen anzukämpfen. Wie? Durch Information und Aktion. Informieren Sie sich und andere. Natürlich wäre es toll, wenn Sie über dieses Buch reden würden oder es für Freunde und Familie bestellen – aber das meine ich nicht. Verlassen Sie die Mainstream-Medien und beginnen Sie, nach alternativen Quellen Ausschau zu halten. Machen Sie sich danach ein eigenes Bild.

focus.de

So wie die Geschichte von den Gewinnern geschrieben wird, werden die Medien von den Mächtigen kontrolliert. Was wie eine abgedroschene Verschwörungstheorie-Phrase klingt, hat leider mehr Wahrheit als mir lieb ist.

Mein Vater sagte einmal: *„100 Dumme arbeiten für einen Klugen."* Irgendwann mal habe ich erkannt, dass der Kluge vielleicht alles dran setzen wird, die Dummen dumm zu halten. Informieren Sie sich weiter. Und … **werden Sie aktiv! Nicht wegen sich oder wegen Ihres Vermögens. Tun wir es um der kommenden Generationen willen.**

[73] https://www.focus.de/finanzen/news/neue-studie-domaene-der-hochqualifizierten-hunderttausende-deutsche-wandern-aus_id_11424311.html

Gefahr Nr. 12 – Hochinflation

Wir haben bereits bei Gefahr 4 (alles auf die Schulden-Karte zu setzen) kurz das Thema Inflation angesprochen. Aufgrund der aktuellen Ereignisse muss ich tiefer darauf eingehen. Jeder glaubt zu wissen, was Inflation ist. Und wie so oft liegt die Mehrheit falsch.

Was ist Inflation? Sehen wir uns dazu zuerst die Definition an:[74] *„Inflation, auch Preissteigerungsrate oder Teuerung, bezeichnet den Anstieg des allgemeinen Preisniveaus einer Ökonomie."*

OK, Inflation ist, wenn alles teurer wird. Und das ist auch, was ein Großteil der Menschen glaubt. Inflation = Preissteigerung = alles wird teurer. Aber wenn man sich die Oxford-Definition von Inflation ansieht, kommt etwas interessantes dazu:

wikipedia.org

In·fla·ti·on

/Inflatiόn/
Substantiv, feminin [die]
1a.
WIRTSCHAFT
mit Geldentwertung und Preissteigerungen verbundene, beträchtliche Erhöhung des Geldumlaufs im Verhältnis zur Produktion
„eine galoppierende, schleichende Inflation"

Eine beträchtliche Erhöhung des Geldumlaufes im Verhältnis zur Produktion. Es kommt also mehr Geld in den Umlauf, ohne dass die Produktion mehr wird. Stellen Sie sich das einfach so vor:

Sie sind auf einer Insel und es gibt 50 Muscheln.
Gleichzeitig gibt es nur 50 Euro auf dieser Insel.
Jede Muschel kostet 1 Euro.
In einem Jahr wurden 50 neue Muscheln gefunden.
Aber es stehen immer noch nur 50 Euro zur Verfügung

[74] https://de.wikipedia.org/wiki/inflation

… für 100 Muscheln.
Also würde jetzt eine Muschel 0,50 Euro kosten. Damit dies nicht passiert, ordnet der Häuptling der Insel die Zentralbank der Insel an, einfach nochmal 50 Euro zu drucken. Es gibt 100 Muscheln. Es gibt 100 Euro. 1 Muschel kostet immer noch 1 Euro. Alles bleibt beim Alten.

Und weil das so toll lief, hat der Häuptling noch eine Idee: Weil die Wahlen anstehen, und er wiedergewählt werden will, lässt er von der Zentralbank der Insel einfach 100 Euro neu drucken und verschenkt dieses Geld an seine Mitbewohner! Es gibt nichts besseres als gratis Geld für Stimmenfang.

Aber jetzt kommt es zu einem Problem. Jetzt sind plötzlich 200 Euro im Umlauf – aber es gibt immer noch dieselben 100 Muscheln auf der Insel. Was passiert nun mit dem Preis der Muscheln? Er steigt. 100 Muscheln auf 200 Euro machen 2 Euro pro Muschel. Die Muscheln sind „teurer" geworden.

Aber wurden die Muscheln tatsächlich teurer? Oder gar mehr wert? Oder ist das Geld weniger wert geworden (weil es mehr davon gibt)? Die Wahrheit ist: Die Muscheln waren vorher gleich viel „wert" wie nachher. Aber das Geld ist weniger wert geworden, weil mehr davon im Umlauf sind – bei gleicher Warenmenge. Das ist der Schlüssel zum Verständnis von Inflation. Gold wurde nicht aus einem unerklärlichen Grund mehr wert und hatte 2024/2025 einen historischen Höchststand. Nein, das Geld wurde weniger wert und es musste mehr Geld gezahlt werden, um dieselbe Menge an Gold zu kaufen.

Wenn mehr Geld gedruckt wird, aber die Warenmenge gleich bleibt, kommt es zur Inflation (= Geldentwertung). Inflation ist in Wirklichkeit eine Geldentwertung. Die Folgen sind Preissteigerungen (wenn die Warenmenge nicht im gleichen Maß wächst).

In unserem Inselbeispiel wurden die Muscheln nicht „teurer", weil sie wertvoller wurden. Nein, das Geld wurde weniger wert. Daher muss man mehr wertloses Geld zahlen, um dieselbe Menge an Muscheln zu bekommen. Die Menge der Ware (Muscheln) blieb immer gleich, es steht jedoch mehr Geld zur Verfügung.

Und genau das passiert mit dem Euro.

Nur viel langsamer.

Und sehr zeitverzögert!

Die Waren- und Dienstleistungsmenge eines Staates nennt man BIP – das Bruttoinlandsprodukt. Die im Umlauf befindliche Geldmenge eines Staates nennt man M1 (das sind Bargeld und sofort verfügbares Geld auf Bankkonten). Sehen wir uns dazu folgende interessante Statistik an: Wachstum der Geldmenge M2 - Eurozone und USA:[75]

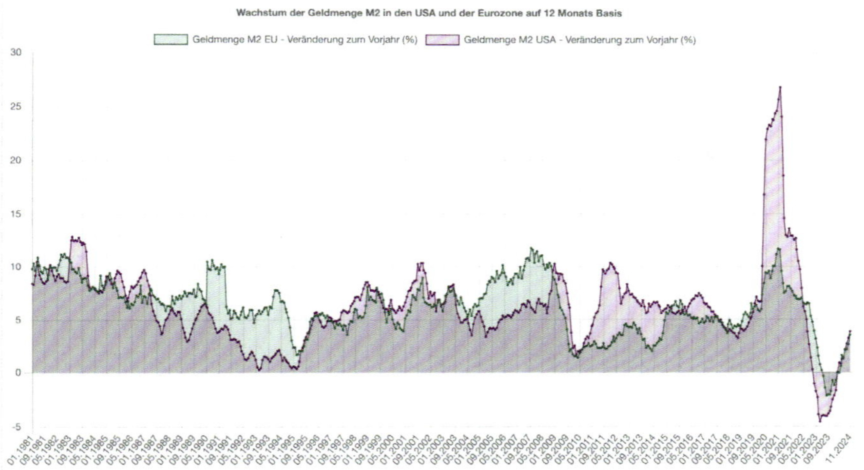

tagesgeldvergleich.net

Wachstum der Geldmenge M2 - Eurozone und USA
Quelle: tagesgeldvergleich.net[76]

Was Sie sehen, ist das Wachstum der Geldmenge in Deutschland, Europa und den USA Vereinfacht gesagt: von 2019 bis 2021 wurden 27 % aller im Umlauf befindlichen Euro- und Dollar-Scheine „gedruckt" (sie wurden nur begrenzt tatsächlich gedruckt – sie wurden „gebucht", sind also aus dem Nichts in den Computern der Banken entstanden – eine weitere Gefahr, die nach einem eigenen Buch verlangt).

[75] Die Geldmenge M2 umfasst die Geldmenge M1 zuzüglich Einlagen mit einer Laufzeit von bis zu zwei Jahren sowie Einlagen mit dreimonatiger vereinbarter Kündigungsfrist (Termingeld, Festgeld, Sparbriefe bis zwei Jahre Laufzeit sowie Sparbücher). Die Geldmenge M3 umfasst die Geldmenge M2 zuzüglich Repo-Geschäften und Geldmarktfonds sowie Geldmarktpapiere und Schuldverschreibungen mit einer Laufzeit von bis zu zwei Jahren.

[76] https://www.tagesgeldvergleich.net/statistiken/geldmengen.html

Also halten wir fest: Der Bürgermeister der Insel hat von 2019 bis 2022 insgesamt 27 % mehr Geld gedruckt und in den Umlauf gebracht, US-Dollar und Euro-Scheine.

Wie wir wissen, wäre das nicht so schlimm, wenn die Waren- und Dienstleistungsmenge im gleichen Zeitraum im gleichen Verhältnis zugenommen hätte. Wie hat sich nun diese Waren- und Dienstleistungsmenge im gleichen Zeitraum entwickelt?

statista.com

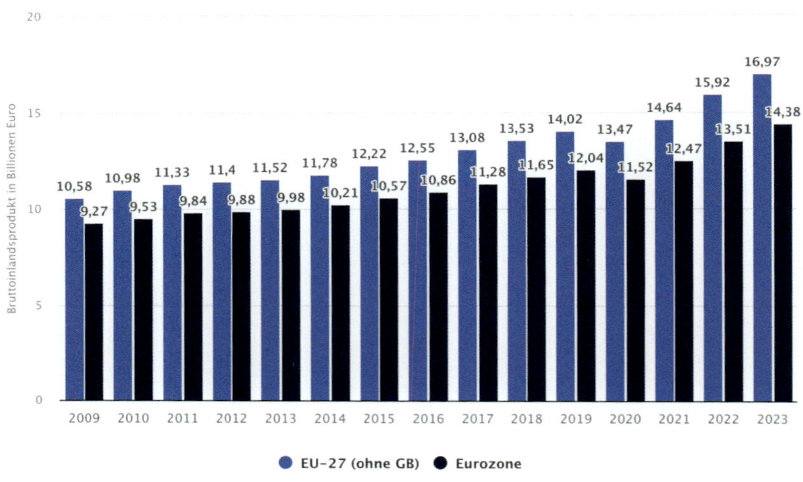

EU & Euro-Zone: BIP in jeweiligen Preisen von 2009 bis 2021
Quelle: Statista[77]

Das Europäische BIP war 2019 noch 14,02 Billionen Euro und es ist bis 2021 auf insgesamt 14,64 Billionen Euro gestiegen. Das ist ein Anstieg von knapp 4 %. Also ich bin jetzt kein Wirtschafts-Genie … aber wenn wir von 2021 auf 2022 einen Wirtschaftsanstieg von 27 % hätten, wäre das, glaube ich, in allen Zeitungen. Achtung, fairerweise muss gesagt werden, dass die USA im selben Zeitraum einen etwas stärkeren Anstieg des BIP hatte als die EU, aber trotzdem nicht annähernd so viel wie notwendig.

Geglättet über die letzten Jahren muss man sagen: Es gab einen enormen Geldmengenzuwachs – etwa 8 % im Jahr – ohne den ent-

[77] https://de.statista.com/statistik/daten/studie/222901/umfrage/bruttoinlandsprodukt-bip-in-der-europaeischen-union-eu/

sprechenden Waren- und Dienstleistungszuwachs. Das BIP ist in dieser Zeit lediglich um die 5 % gestiegen.

Der Unterschied wird mit Inflation „kompensiert" … was wir in den aktuellen Zahlen merken. Wir hatten 2022 mit 6,9 % die höchste Inflationsrate seit dem Zweiten Weltkrieg und die EZB hat es mit Müh' und Not wieder einmal geschafft, die Situation in den Griff zu bekommen? Zur Zeit.

Aber es ist noch nicht vorbei und ich werde gleich erklären, warum. Sehen wir uns vorher noch zwei Beispiele an, um das Ganze besser zu verstehen.

Die USA-Blase

Sehen Sie sich bitte einmal in der nachfolgenden Grafik die Geldmengenentwicklung M1 in den USA der letzten Jahre an: von 4 Billionen 2019 auf ca. 18,2 Millionen 2024. Fast 350 %. In Zeiten der Corona-P(l)andemie wurde in den USA (und weltweit) massiv Geld gedruckt und an die Bürger und Unternehmen verteilt.

tagesgeldvergleich.net

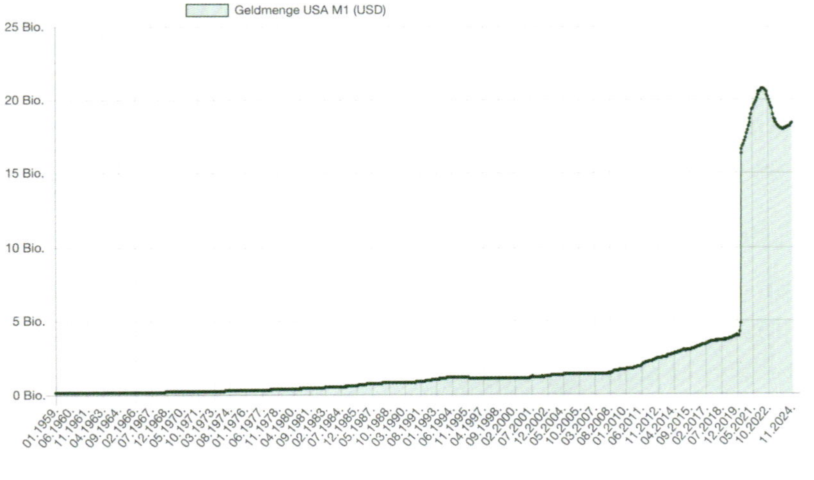

Entwicklung der US-Geldmenge M1 seit 1959
Quelle: tagesgeldvergleich.net[78]

Nicht schlecht, oder? Und wie hat sich das Bruttoinlandsprodukt der USA im selben Zeitraum verhalten?

78 https://www.tagesgeldvergleich.net/statistiken/geldmengen.html

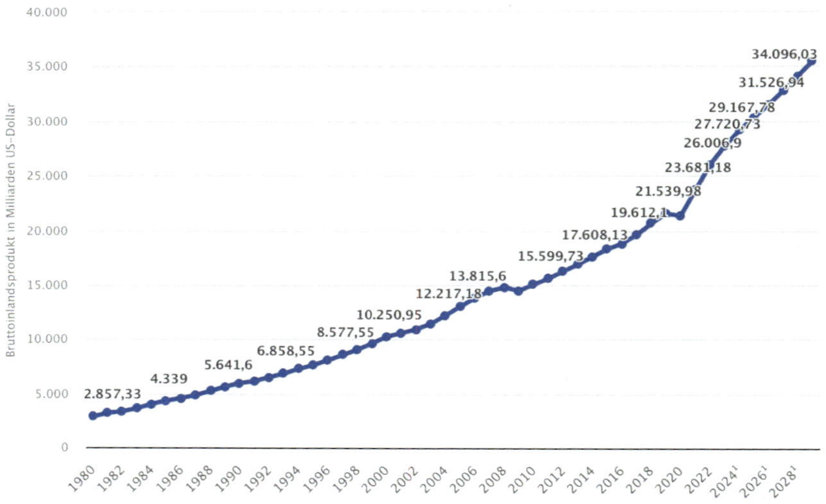

BIP USA in jeweiligen Preisen von 1980 bis 2023 und Prognosen bis 2029
Quelle: Statista[79]

statista.com

Es ist von 21,5 Billionen (2019) auf 29 Billionen (2024) gestiegen. Das sind immerhin fast 35 %. Trotzdem, es ist viel zu viel Geld im Umlauf, welches sich (noch) nicht in der Inflation widerspiegelt. Dadurch baut sich in den USA eine gigantische Inflationsblase auf, welche die Weltwirtschaft in den Abgrund reißen wird, wenn Sie platzt. 1929 wird nichts dagegen sein.

Der Petrodollar – das Rückgrat der USA-Blase

Der Petrodollar ist eine Bezeichnung für den US-Dollar, der als Währung für den Handel mit Erdöl verwendet wird. Der Petrodollar hat einen erheblichen Einfluss auf die Entwicklung der Weltwirtschaft und der geopolitischen Beziehungen. Er ist auch der Grund, warum die USA-Blase noch nicht geplatzt ist und warum die USA dieses Gelddruck-Spiel noch weiterspielen kann. Wir müssen beim Petrodollar Folgendes bedenken:

- Der Petrodollar hat den US-Dollar zur dominierenden Reservewährung gemacht. Da der Handel mit Erdöl in

[79] https://de.statista.com/statistik/daten/studie/14418/umfrage/bruttoinlandsprodukt-in-den-usa/

US-Dollar abgewickelt wird, halten viele Länder große Mengen an US-Dollarreserven, um Öl kaufen zu können. Dies gibt den USA ein erhebliches wirtschaftliches und geopolitisches Gewicht – aber immer mehr Länder, allen voran Russland und China, beginnen Erdöl auch außerhalb des US-Dollars zu handeln.
- Der Petrodollar hat einen Einfluss auf den Wechselkurs des US-Dollar. Wenn Länder Öl kaufen möchten, müssen sie US-Dollar kaufen, was die Nachfrage nach US-Dollar erhöht und den Wert des US-Dollar stützt.
- Der Petrodollar hat auch einen Einfluss auf die US-Außenpolitik. Die USA haben oft versucht, die Kontrolle über wichtige Ölförderländer und -regionen zu erlangen, um ihre Position als führende Macht im internationalen System zu stärken. Europa hat über Jahrzehnte billige Energie aus Russland bekommen. Das war den USA immer schon ein Dorn im Auge.
- Der Petrodollar hat auch dazu beigetragen, dass die USA in der Lage waren, hohe Haushaltsdefizite und Staatsschulden aufrechtzuerhalten, da es eine hohe Nachfrage nach US-Dollar gibt, um Öl zu kaufen. Fällt der Petro-Dollar – fallen die USA.

Insgesamt hat der Petrodollar einen erheblichen Einfluss auf die globale Wirtschaft und die geopolitischen Beziehungen. Die USA haben von diesem System profitiert, aber es gibt auch Herausforderungen und Risiken im Zusammenhang mit der Abhängigkeit von einer einzigen Währung für den Handel mit einem so wichtigen Rohstoff wie Erdöl.

Warum die USA-Geldpolitik anders ist als die der EZB

Die US-Notenbank, die Federal Reserve, hat eine unabhängige Geldpolitik und setzt Maßnahmen ein, um die Inflation zu kontrollieren. Sie hat beispielsweise Zinserhöhungen und geldpolitische Straffungen durchgeführt, um eine Überhitzung der Wirtschaft und eine daraus resultierende Inflation zu vermeiden.

Man weiß, wie man Inflation relativ leicht bekämpfen kann: durch Zinssteigerungen. Sobald die Zinsen einer Zentralbank relativ höher als die Inflation liegen, hört die Inflation auf zu steigen und baut sich langsam ab. Es gibt genug historische Beispiele dafür.

Um die Inflation also effektiv bekämpfen zu können, müsste die EZB heute die Zinsen auf 6–8 % erhöhen. Aber wenn sie das machen würde, gehen die südlichen Länder wie Italien, Griechenland, Spanien, Portugal, vielleicht sogar Frankreich Pleite. Diese Länder sind extrem überschuldet. Die Nullzinspolitik der letzten Jahre war eine willkommene Möglichkeit (nicht nur für diese Länder), weiterhin Schulden aufzubauen – sprich Geld ohne Ende zu erzeugen.

Durch die von der EZB während der Corona-Krise auf den Markt geworfene Geldmenge wurde unsere eigene Leistung entwertet. Alles wurde teurer (siehe Inflation 2022 und 2023). Durch die von den USA auf den Markt geworfene Geldmenge wird die Weltwirtschaft gefährdet.

Wir merken die Folgen dieses abgekoppelten Geldmengenzuwachses: Hochinflation. Wir alle merken es beim Einkaufen, an der Tankstelle, bei den Mieten und vielem mehr.

Inflation ist, grundsätzlich, nichts Neues oder Schlimmes. Man sagt, dass eine gewisse Inflation von 2–3 % sogar „gesund" für die Wirtschaft sei.[80] Nur haben wir 2023 eine Inflation von 8 % – das kann man jetzt nicht gerade als „gesund" bezeichnen. Selbst das wäre nicht schlimm … wenn die Gehälter im gleichen Maß steigen würden.

Benzin wird um 10 % teurer, Gehälter steigen um 10 % … alles kein Problem. Das Problem ist aber, dass das Benzin um 30 % gestiegen ist … während das Gehalt gerade mal 3 % mehr wurde.

[80] Warum das so ist, hat mir ehrlich gesagt noch niemand vernünftig erklären können. Es gibt eine Menge Theorien und Modelle. Klar, Wirtschaftswachstum und so weiter … aber, warum muss alles ständig wachsen? Andauerndes Wirtschaftswachstum ist wie ein unkontrolliert wachsendes System in der Natur, das, ohne natürliche Begrenzung, früher oder später zu einem Kollaps führt. Spätestens dann, wenn die Ressourcen erschöpft oder Rückkopplungseffekte außer Kontrolle geraten. In unserem Körper nennt man so etwas Krebs.

Was bedeutet Inflation langfristig?

Sie sehen hier die aktuelle Inflation des Jahres 2024: 2,2%. Nun, nicht so spektakulär. Aber 2022 war interessant: 6,9% Inflation.

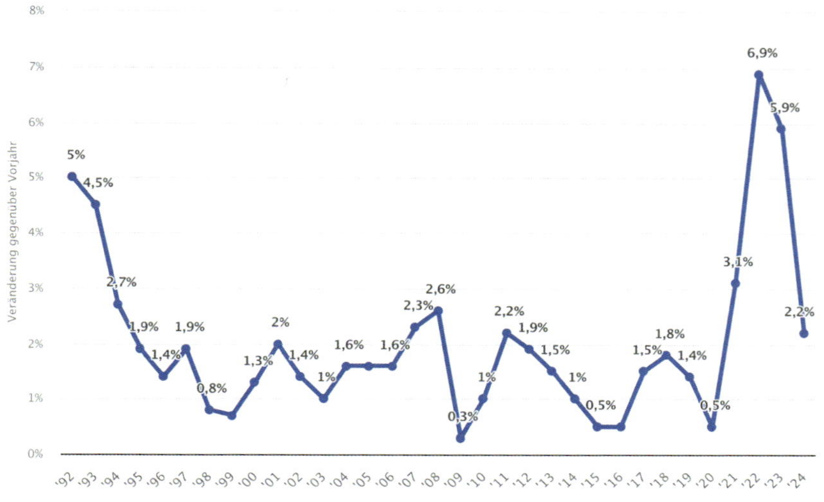

Inflationsrate in Deutschland von 1992 bis 2023
Quelle: Statista[81]

statista.com

Was würde das für Ihre persönlichen Vermögenswerte bedeuten, wenn wir eine solche Inflation über einen längeren Zeitraum hätten?

Um genau das auszurechnen, können wir auf einen der vielen Spezialrechner im Internet zurückgreifen. Angenommen, Sie haben 100.000 Euro auf Ihrem Konto. Rechnen wir der Einfachheit halber mit einer Inflation von 7 %. Bei 7 % Inflation sind Ihre 100.000 Euro nach einem Jahr genau 93.457,94 Euro wert!

[81] https://de.statista.com/statistik/daten/studie/1046/umfrage/inflationsrate-veraenderung-des-verbraucherpreisindexes-zum-vorjahr/

Inflationsrechner Kaufkraftverlust
Quelle: finanz-tools.de[82]

Sie hätten 6.542,06 Euro an Kaufkraft eingebüßt. In nur einem Jahr. Wie viel ist das? Um 100.000 Euro in einem Jahr zu verdienen, müsste man monatlich 8.330 Euro netto erhalten. Diese 6.542,06 Euro Kaufkraftverlust in einem Jahr sind 80 % dieses gesamten Monatseinkommens.

finanz-tools.de

Man hätte 2022 wegen dieser Hochinflation 24 Tage eines Monats umsonst gearbeitet! Was, wenn sich so etwas wiederholt, aber diesmal länger bleibt? So unrealistisch ist das nicht! Sehen wir uns das bei einem europäischen Nachbarn, der Türkei, an.

Der Türkei-Effekt – Geldvernichtung par excellence

Im folgenden Diagramm sehen Sie die Inflationsentwicklung in der Türkei in den Jahren 2004 bis 2016. Es war ein Rauf und Runter zwischen 6,25 % und 10,44 %. Die Jahre vor der Finanzkrise 2008 zeigen insgesamt höhere Durchschnittsraten. Während es 2009 zu einer starken Reduktion vom erwähnten Maximalwert auf den Minimalwert gekommen ist, sprang die Infltion in den kommenden Jahren wieder an. Bemerkenswert ist dabei das ständige relativ starke Auf und Ab. Von 6,25 % auf 8,57 % und dann wieder zurück auf 6,47 % usw. Insgesamt betrug die Inflation in diesen Jahren durchschnittlich rund 8 %. Das ist nicht nichts, denken Sie an das obige Beispiel mit 7 % Inflation.

82 https://www.finanz-tools.de/inflationsrechner-kaufkraftverlust

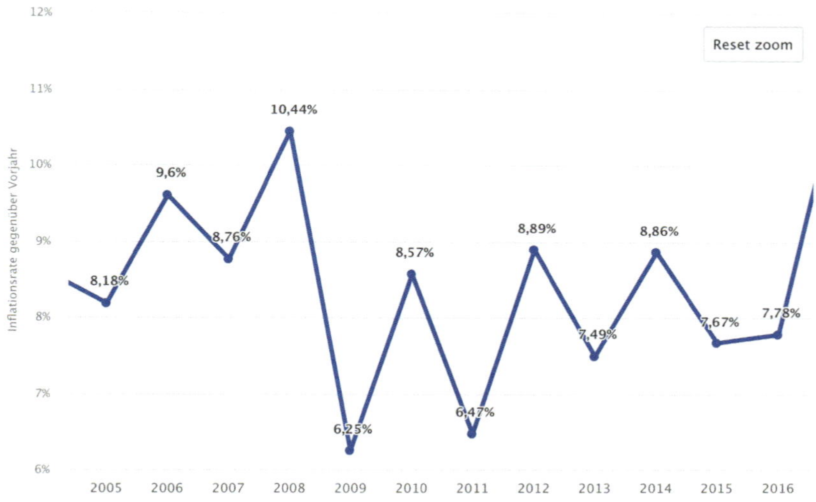

Türkei: Inflationsrate von 1980 bis 2023 und Prognosen bis 2029
Quelle: Statista[83]

Und dann? Dann passierte das:

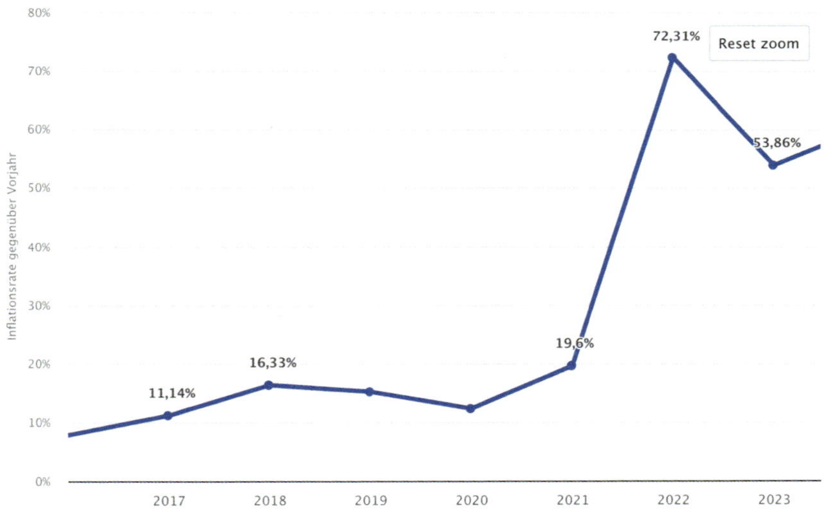

statista.com

Türkei: Inflationsrate von 1980 bis 2023 und Prognosen bis 2029
Quelle: Statista[84]

83 https://de.statista.com/statistik/daten/studie/216056/umfrage/inflationsrate-in-der-tuerkei

84 https://de.statista.com/statistik/daten/studie/216056/umfrage/inflationsrate-in-der-tuerkei

Die Inflation schoss in nur wenigen Jahren von 7,78 % auf 72,31 % und lag im Jahr 2024 bei 60,92 %. Sie können sich leicht ausrechnen, wie viel Kaufkraft Sie in der Türkei alleine 2022 verloren hätten! Auf 100.000 Euro wären es 31.455,00 geworden! In nur zwei Jahren. Von 31.455 Euro zu 100.000 Euro ist es eine Reduktion von 217,91 %!

Fakt ist: Deutschland ist (wirtschaftlich) nicht die Türkei, hat aber in den Jahren der Ampel-Regierung wirtschaftlich extrem abgebaut. Europa an sich steht schlecht da und überreguliert sich. Wir befinden uns heute an einem sehr gefährlichen Punkt. Eine solche Geldvernichtungs-Spirale kann sich jederzeit und sehr schnell weiter nach oben drehen.

Die aktuelle Inflation (mit einer drohenden Hochinflation) ist die aktuell größte, direkte Bedrohung für unser Geld. Aber warum tun die Menschen nichts gegen die Inflation? Warum beugen Sie nicht vor?

Ein gemeiner, psychologischer Effekt

Was würden Sie machen, wenn Sie am Ende des Jahres auf Ihr Konto schauen, die Zahlen durchgehen und bemerken, dass ein Monatsgehalt von der Bank einfach „geschluckt" wurde? Sie würden Zeter und Mordio schreien, zurecht.

Aber – warum haben Sie es nicht Ende 2022 getan, als Ihnen die Regierung durch die Inflation ein Monatsgehalt gestohlen hat? Weil Sie es nicht bemerkt haben! Warum nicht? Weil es ein gemeiner, psychologischer Effekt ist.

Wenn Sie beispielsweise 100.000 Euro in einen Tresor legen … und ein Jahr lang warten … sind nach einem Jahr immer noch 100.000 Euro im Tresor. Das Problem ist aber, dass Sie nur noch Waren im Gegenwert von 93.457,94 kaufen können (wir gehen wiederum von der aufgrundeten 7%-igen Inflationsrate aus)!

Aber unser Gehirn sieht das nicht und schlägt daher auch keinen Alarm. Es sind ja immer noch 100.000 Euro im Tresor. Kein Grund zur Panik …

Wenn aber statt 100.000 Euro nur 93.457,94 Euro im Tresor liegen würden, würden Sie den Diebstahl SOFORT bemerken und reagieren. So wird ausgetrickst, weil wir es nicht merken.

Und dann gibt es noch ein Problem … nämlich dass die tatsächliche Inflation für Waren weit höher als die 6,9 % von 2022 oder die 2,3 % von 2024 ist. Und zwar für Waren, die Sie tatsächlich jeden Tag brauchen. Essen oder Energie zum Beispiel.

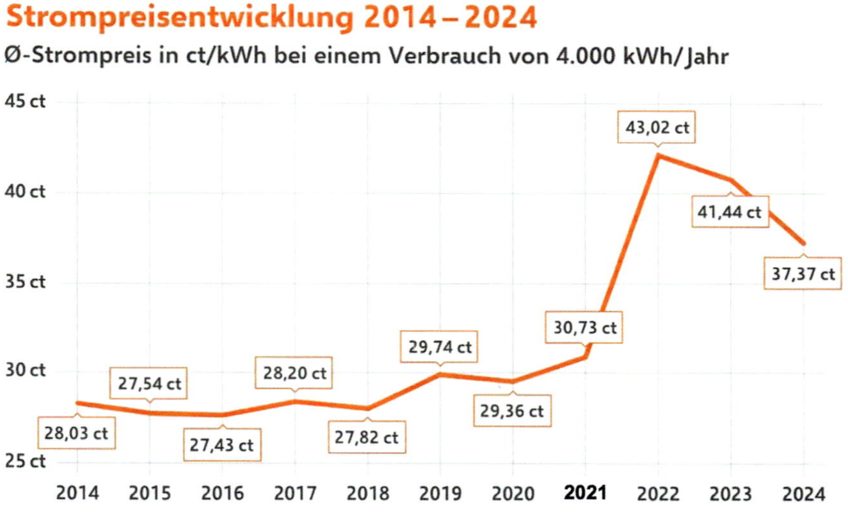

Strompreisentwicklung 2014–2014
Quelle: verivox.de[85]

energysion.com

autozeitung.de

Der Strompreis ist von 2018 bis Ende 2024 um 37 % gestiegen,[86] die offizielle Inflation im selben Zeitraum betrug „nur" 17 %.

Diesel hat 2018 noch 1,25 Euro gekostet, heute sind es 1,65 Euro[87] … das sind 32 % mehr. Brennholz, Holzöfen, Kohle … noch schlimmer, noch teurer. Oder Nahrungsmittel. Beobachten Sie dabei bitte nur die Dinge, die Sie tatsächlich verwenden. Sie werden bemerkt haben, dass derselbe Einkaufswagen weit mehr kostet als noch vor einigen Jahren.

[85] https://www.energysion.com/post/die-entwicklung-der-strompreise-in-den-letzten-10-jahren-ein-blick-auf-die-kosten-fur-verbraucher

[86] https://www.energysion.com/post/die-entwicklung-der-strompreise-in-den-letzten-10-jahren-ein-blick-auf-die-kosten-fur-verbraucher

[87] https://www.autozeitung.de/spritpreisentwicklung-201896.html

Markus Dans Praxistipp

Ok, was kann man jetzt dagegen tun? Wie schützen Sie Ihr Vermögen vor Inflation? Im Wesentlichen gibt es nur eine einzige seriöse Antwort: **Sachwerte**.

Bedenken Sie: Voltaire sagte, *„Papiergeld kehrt früher oder später zu seinem inneren Wert zurück – Null."* Sachwerte hingegen werden überleben, die RICHTIGEN Sachwerte. Ich habe im Ressourcenbereich einige Links und Empfehlungen zu den „großen Drei":

- **Enteignungssicheres Gold:** 99 % des Goldes, das im Umlauf ist, kann enteignet werden! Es gibt eine spezielle Form, bei der es nicht möglich ist.
- **Investment-Edelsteine:** Spezielle Edelsteine haben seit Jahrhunderten Werte gesichert. Sie sind eine ideale Ergänzung zu Gold und Immobilien.
- **Insolvenz- und Zugriffs-Schutz:** Es gibt eine Möglichkeit, Immobilien und Privateigentum vor Insolvenzen und dem Zugriff des Staates zu schützen. Erkundigen Sie sich unbedingt!

Den Link dazu finden Sie hier:

https://www.markusdan.com/gefahren-ressourcen

Ressourcen

Gefahr Nr. 13 – Digitales Zentralbankgeld: Die Revolution, die keiner will

Woher kommt eigentlich unser Geld?

Haben Sie sich diese Frage jemals gestellt? Aus dem Bankautomaten? Ist dieselbe Antwort wie zu sagen, Strom komme aus der Steckdose. OK, dann wird es wohl die Zentralbank drucken, oder? Ein winziger Teil mag tatsächlich aus der Druckerpresse der EZB kommen, ja, aber der große Rest? Der entsteht aus dem Nichts!

Ja, richtig gelesen. Geschäftsbanken erzeugen Geld durch die sogenannte Giralgeldschöpfung, indem sie Kredite vergeben. Das nennt sich Fiat-Geld. Henry Ford sagte einst treffend: „Würden die Menschen das Geldsystem verstehen, hätten wir eine Revolution noch vor morgen früh."

In der Praxis bedeutet das: Die Bank hinterlegt lächerliche 1 % des Kreditbetrages bei der Zentralbank und zaubert den Rest einfach so aus der Luft. Nehmen wir an, Sie benötigen einen Kredit über 500.000 Euro. Die Bank muss dafür nur 5.000 Euro bei der EZB als Sicherheit hinterlegen. Und die restlichen 495.000 Euro? Die entstehen einfach so aus dem Nichts. Sie zahlen natürlich Zinsen auf den vollen Betrag. Doch jetzt kommt der neueste Streich der Finanzzauberer: digitales Zentralbankgeld, oder kurz CBDC (Central Bank Digital Currency).

Mit digitalen Währungen wird es für Banken noch einfacher, Geld aus dem Nichts zu schaffen. Keine Mindestreserve mehr in Form von physischem Geld, keine Begrenzungen durch den physischen Geldfluss. Alles kann per Knopfdruck und in Echtzeit geschehen. Willkommen in der Welt des unbegrenzten digitalen Geldes – ein Paradies für Banken und ein Albtraum für den Rest von uns.

Was ist der digitale Euro?

Es ist offiziell: Am 1. November 2025 wird der digitale Euro in Europa eingeführt. Was auf den ersten Blick wie ein technischer Fortschritt aussieht, könnte in Wahrheit der Beginn einer neuen Ära der totalen Kontrolle und Überwachung durch Zentralbanken und Regierungen sein. Der digitale Euro, auch bekannt als E-Euro oder Digitaleuro, ist digitales Geld, das von der Europäischen Zentralbank (EZB) ausgegeben und von der EU-Kommission unterstützt wird. Womit China begonnen hat, hat nun ein Wettrennen zwischen den verschiedenen westlichen Zentralbanken ausgelöst: Wer wird die erste zentralbankgesteuerte Digitalwährung herausbringen?

Der digitale Euro soll die bestehende Fiat-Währung um eine virtuelle Variante ergänzen. Im Gegensatz zu dezentralen Kryptowährungen wie Bitcoin steht der digitale Euro jedoch unter der vollständigen Kontrolle der Zentralbank. Das bedeutet, jede Transaktion kann überwacht und im schlimmsten Fall gesteuert oder blockiert werden.

Ziel ist es, eine sichere und effiziente Alternative für digitale Zahlungen zu bieten, die den Bedürfnissen der Wirtschaft entspricht und die europäische Finanzstabilität unterstützt. Der digitale Euro soll für alle Bürger zugänglich sein und eine zusätzliche Option für digitale Transaktionen darstellen – angeblich ohne das Bargeld zu ersetzen.

Doch der Teufel steckt, wie so oft, im Detail.

Der digitale Euro – Fortschritt oder Einschränkung der Freiheit?

Mit der Einführung des digitalen Euro steht die Art und Weise, wie wir Geld nutzen, vor einer grundlegenden Veränderung. **Programmierbarkeit des Geldes** wird zur Realität: Der digitale Euro ermöglicht es, Transaktionen nicht nur zu überwachen, sondern sie auch gezielt zu steuern und nach Belieben einzuschränken. Diese neue Funktionalität mag auf den ersten Blick innovativ erscheinen, birgt jedoch weitreichende Konsequenzen für unsere Freiheit und Privatsphäre. Herr Meier hat diesen Monat schon 20 Liter Bier gekauft. Oje, das ist zu viel für ihn, also darf er diesen Monat keinen Alkohol mehr kaufen. Klingt dystopisch? Ist es auch. Und technisch durchführbar!

Die Kontrolle über den digitalen Euro liegt vollständig in den Händen der Europäischen Zentralbank (EZB). Das bedeutet, dass jede einzelne Transaktion zentral erfasst und kontrolliert werden kann. Anders als bei Bargeld gibt es für Bürgerinnen und Bürger keine Möglichkeit, sich dieser **zentralisierten Kontrolle** zu entziehen (vor allem, wenn das Bargeld abgeschafft oder stark eingeschränkt wurde). Jede Transaktion wird (für Behörden) transparent und rückverfolgbar – ein Zustand, der die finanzielle Autonomie des Einzelnen erheblich einschränken könnte.

Die EU-Kommission bewirbt den digitalen Euro als Fortschritt. Er soll die Finanzstabilität fördern und eine sichere Alternative für digitale Zahlungen darstellen. Doch hinter diesen **scheinbaren Vorteilen** verbirgt sich eine neue Dimension der Überwachung. Der Staat oder die EZB hätten theoretisch die Möglichkeit, Transaktionen zu blockieren oder zu regulieren – je nach politischer Agenda oder wirtschaftlichem Interesse.

Die Kehrseite dieser Entwicklung ist die **Einschränkung der Freiheit**. Mit dem digitalen Euro wird jede finanzielle Bewegung des Einzelnen transparent und nachvollziehbar. Was nach Sicherheit klingt, könnte die finanzielle Privatsphäre der Bürger endgültig zerstören. In einer Welt, in der jede Transaktion überwacht und potenziell kontrolliert wird, verliert das Individuum ein Stück seiner Autonomie. Die Einführung des digitalen Euro ist daher nicht nur eine technische Innovation, sondern auch eine tiefgreifende Herausforderung für die Freiheit und die Selbstbestimmung in unserer Gesellschaft.

„Wer nichts zu verbergen hat, braucht nichts zu befürchten"

Diese Aussage wird häufig als Argument angeführt, um Überwachungsmaßnahmen zu rechtfertigen. Doch diese Aussage ist nicht nur irreführend, sondern gefährlich. Sie untergräbt fundamentale Werte einer freien Gesellschaft und ignoriert die Risiken von Machtmissbrauch und Überwachung.

Privatsphäre ist ein Grundrecht

Privatsphäre ist kein Luxus, sondern ist in verschiedenen Grundrechten des **Grundgesetzes (GG)** verankert. Diese schützen nicht nur vor ungerechtfertigter Überwachung, sondern auch vor Missbrauch und Diskriminierung. Der Satz „Wer nichts zu verbergen hat" kehrt dieses Prinzip um, indem er unterstellt, dass Bürger sich permanent rechtfertigen müssen. Doch in einer Demokratie gilt: Der Staat muss dem Bürger vertrauen, nicht umgekehrt.

Der digitale Euro mit seinen programmierbaren Funktionen birgt die Gefahr, dass jede finanzielle Bewegung überwacht und kontrolliert wird. Dies zerstört nicht nur die finanzielle Privatsphäre, sondern schafft auch ein Klima der ständigen Kontrolle und Anpassung. Was, wenn eine totalitäre Regierung an die Macht käme (rechts oder links)? Diese könnte nahtlos die bestehenden Überwachungselemente übernehmen und gegen Kritiker einsetzen. Was heute harmlos ist, könnte morgen kriminalisiert werden – und die Bürger hätten keine Möglichkeit, sich dem zu entziehen, geschweige denn sich zu wehren. *„Wie bitte, Ihnen gefällt der Stil unserer Regierung nicht? Und Sie wollen weg? Na dann werden wir mal die Reichweite des E-Autos einschränken. Oder Ihnen verbieten, für mehr als 10 Liter zu tanken."*

Freiheit erfordert Schutz vor Kontrolle

Freiheit bedeutet, das eigene Leben ohne ständige Rechtfertigung so leben zu können, wie man es will, ohne das Leben anderer zu beeinflussen, die dasselbe Recht haben. Es gibt einige Grundregeln, auf die man sich verständigt (niemanden verletzen oder töten, Eigentum respektieren und das war's auch schon im Wesentlichen). Maßnahmen wie die totale Transparenz durch den digitalen Euro könnten diese Freiheit massiv einschränken. Wir müssten befürchten, ja sogar davon ausgehen, dass genau analysiert wird, wann wir wie viel Geld wofür ausgeben. Und dies wird dann bewertet. Oder sogar blockiert. Solche Eingriffe zwingen uns dazu, unser Verhalten anzupassen, um nicht ins Visier staatlicher oder regulatorischer Instanzen zu geraten. Sie glauben mir nicht? Dann werfen Sie mal einen Blick nach China. Subtile Verhaltensanpassung ist für Regierungen nichts Neues und auch manchmal gut (Sicherheitsgurte, Recycling, öffentliches Rauchverhalten), aber ein Missbrauchspotential ist immer gegeben. Ihnen fallen dazu bestimmt einige aktuelle Beispiele ein, in denen die Denkrichtung von der Regierung vorgegeben wird, ohne die Mehrheit oder auch nur die Konsequenzen zu berücksichtigen. Das ist keine Sicherheit, sondern eine gefährliche Machtverschiebung.

Machtmissbrauch wird wahrscheinlicher

Die Möglichkeit, jede Transaktion zu überwachen und zu kontrollieren, verleiht Institutionen wie der EZB oder der Europäischen Kommission immense Macht. Von unseren Politikern gar nicht zu reden. Und wie die Geschichte zeigt, ist Macht immer anfällig für Missbrauch. Wer garantiert, dass diese Daten nicht für politische Zwecke verwendet oder an Dritte weitergegeben werden? Es gibt keine Garantie, dass künftige Regierungen oder Führungspersonen die gleichen demokratischen Werte vertreten wie heute.

Nur ein Beispiel. Indien. Im Oktober 2023 wurde ein massiver Datenschutzvorfall bekannt, bei dem persönliche Informationen von über 815 Millionen indischen Bürgern, die beim Indian Council of Medical Research (ICMR) gespeichert waren, auf dem Dark Web zum Verkauf angeboten wurden. Die kompromittierten Daten umfassten sensible Informationen wie Passdetails, Sozialversicherungsnummer, Namen, Telefonnummern und Adressen. Nur als kleine Randbemerkungen.

Wer kontrolliert die Kontrolleure?

Besonders beunruhigend ist die Tatsache, dass viele derjenigen, die solche Überwachungsmaßnahmen durchsetzen, selbst nicht bereit sind, Transparenz zu zeigen. Ein prominentes Beispiel ist EU-Kommissionspräsidentin Ursula von der Leyen. Berichten zufolge hat sie in der Corona-Pandemie **Verträge mit der Pharmaindustrie per SMS verhandelt**, doch sie weigert sich bis heute, diese Nachrichten offenzulegen. Dieser Mangel an Transparenz bei Entscheidungen von solch enormer Tragweite wirft die Frage auf: **Wer schützt die Bürger vor Missbrauch durch diejenigen, die diese Macht ausüben?**

Wenn schon die höchsten Entscheidungsträger ihre eigenen Regeln brechen, wie können Bürger darauf vertrauen, dass Überwachungsinstrumente wie der digitale Euro nicht missbraucht werden? Wer garantiert, dass diese Maßnahmen nicht dazu genutzt werden, politische Gegner oder unbequeme Meinungen zu kontrollieren?

Fazit: Privatsphäre ist nicht verhandelbar

Die Einführung des digitalen Euro mag technische Fortschritte bringen, doch sie darf nicht auf Kosten der Freiheit und Privatsphäre der Bürger geschehen. Der Satz „Wer nichts zu verbergen hat, braucht nichts zu befürchten" ist ein gefährliches Narrativ, das die Risiken von Überwachung und Machtmissbrauch verschleiert. Stattdessen müssen klare Grenzen und Mechanismen geschaffen werden, um den Missbrauch solcher Instrumente zu verhindern – gerade in den Händen von Führungspersonen, die sich selbst nicht an die Regeln halten. Denn Privatsphäre ist nicht nur ein Schutzschild gegen Willkür, sondern die Grundlage für Freiheit und Demokratie.

Der digitale Euro – auf den ersten Blick modern und praktisch, aber mit einem bitteren Beigeschmack der totalen Kontrolle und Überwachung.

Die wahren Gründe hinter der Einführung von digitalem Zentralbankgeld

Seit Jahren läuft ein stiller, aber stetiger Kampf gegen das Bargeld. Natürlich wird das Ganze immer mit dem noblen Ziel verkauft, Geldwäsche, Kriminalität und Steuerhinterziehung zu bekämpfen. Und Terror, natürlich. Wer könnte da schon dagegen sein? Doch was steckt wirklich dahinter?

Stück für Stück wird uns das Bargeld madig gemacht und sukzessive entzogen – oft unbemerkt von der breiten Öffentlichkeit. Wussten Sie zum Beispiel, dass unsere Bundesregierung seit Jahren Millionen an Steuergeldern in die Bargeldabschaffung investiert?

Seit 2019 hat sich schrittweise eine Entwicklung eingeschlichen, die immer mehr auf die Einschränkung von Bargeld abzielt. Ein erster markanter Schritt war die Abschaffung des 500-Euro-Scheins, die ich bereits erwähnt habe. Offiziell natürlich nur mit dem edlen Ziel, Geldwäsche und Steuerhinterziehung zu bekämpfen. Und Terrorfinanzierung. Natürlich. Doch der erhoffte Erfolg blieb aus. Parallel dazu wurden die Summen für anonyme Tafelgeschäfte drastisch reduziert. Diese Maßnahmen entpuppten sich schnell als reine Augenwischerei und scheinen vor allem dazu zu dienen, uns langsam an die Idee einer vollständigen Abschaffung des Bargelds zu gewöhnen.

Die Corona-Krise bot dann den perfekten Vorwand, um diesen Prozess weiter voranzutreiben. Während der Pandemie wurde Bargeld als potenzieller Virenüberträger diffamiert – eine Behauptung, die wissenschaftlich nicht haltbar ist. Dennoch führte diese Stimmungsmache dazu, dass überall Aufkleber auftauchten, die das kontaktlose Bezahlen bewarben. Dieser Schritt diente in erster Linie dazu, das Vertrauen in Bargeld zu untergraben und die Akzeptanz für digitale Zahlungsmethoden zu fördern.

Schließlich wurde auf EU-Ebene eine Bargeldobergrenze von 10.000 Euro eingeführt. Wäre es nach der deutschen Innenministerin gegangen, wäre diese Grenze noch drastischer ausgefallen, möglicherweise sogar unter 1.000 Euro. Die Maßnahme erschwert nicht nur Bargeldtransaktionen, sondern öffnet auch Tür und Tor für eine zunehmende Überwachung der Bürger. Selbst die Bundesbank sieht in dieser Obergrenze keinen wirklichen Nutzen und spricht sich gegen solche Einschränkungen aus.

Das Ziel ist klar: Kontrolle. Digitales Zentralbankgeld (CBDC) ist der nächste Schritt in Richtung einer digitalen Diktatur, in der jede Transaktion überwacht und gesteuert werden kann.

Welche Auswirkungen hat digitales Zentralbankgeld auf den einzelnen Bürger?

Die Einführung des digitalen Zentralbankgeldes (CBDC) hat weitreichende Auswirkungen auf uns alle und birgt erhebliche

Risiken. Nach außen hin sind es Effizienz und Sicherheit, die uns da verkauft werden (Sicherheit für wen? Auf jeden Fall für die Steuerbehörden, die pünktlich und automatisch ihre Steuern einziehen werden können). Doch dahinter steckt natürlich eine Realität, die viele nicht wahrhaben wollen.

Die Auswirkungen einer schrittweisen Einführung von digitalem Zentralbankgeld auf den einzelnen Bürger werden gravierend werden. Zunächst würde eine umfassende Totalüberwachung entstehen. Jede Transaktion – sei es eine kleine Ausgabe oder ein größerer Zahlungseingang – wäre für die Zentralbank und staatliche Behörden vollständig einsehbar. Die finanzielle Privatsphäre, wie wir sie heute kennen, würde praktisch verschwinden.

Mit der vollständigen Kontrolle über digitales Geld geht auch ein erheblicher Verlust der finanziellen Freiheit einher. Theoretisch könnte die Zentralbank ein Konto einfrieren, bestimmte Transaktionen blockieren oder sogar direkt Gelder abziehen. In einer Welt, in der Bargeld immer weniger eine Rolle spielt, gäbe es keine Möglichkeit mehr, sich solchen Eingriffen zu entziehen, sei es bei der Durchsetzung von Negativzinsen oder anderen staatlichen Maßnahmen.

De-Banking

In Deutschland kam es in den letzten Jahren vermehrt zu Fällen, in denen Banken die Konten regierungskritischer Journalisten, Medienunternehmen und politischer Akteure ohne Angabe von Gründen kündigten – ein Phänomen, das als „De-Banking" bekannt ist. So kündigte die GLS Bank 2021 das Konto des Online-Portals KenFM (Ken Jebsen, bürgerlicher Name Kayvan Soufi-Siavash) unter Verweis auf die Verbreitung von Verschwörungstheorien. Auch der Nachrichtensender Russia Today (RT) und die Marxis–tisch-Leninistische Partei Deutschlands (MLPD) waren betroffen. Diese Maßnahmen gefährden die finanzielle Basis der Betroffenen und werfen Fragen nach der Wahrung der Presse- und Meinungsfreiheit auf. Kritiker fordern daher mehr Transparenz und rechtliche Klarheit bei derartigen Kontokündigungen. Die DDR lässt grüßen. Da wusste man wenigstens noch, warum einen die Stasi abgeholt hat. Sarkasmus aus.

Ein weiterer kritischer Punkt ist die Programmierbarkeit des digitalen Euros. Diese Eigenschaft erlaubt es der Zentralbank, festzulegen, wie und wofür das Geld ausgegeben werden darf. In Krisenzeiten könnte der Staat etwa die Nutzung auf bestimmte Produkte beschränken oder vorschreiben, wie das Geld verwendet werden soll. Solche Eingriffe könnten die Freiheit des Einzelnen erheblich einschränken und die Kontrolle über das eigene Vermögen nahezu vollständig in staatliche Hände legen.

Was sind die Gefahren?

Die Einführung von digitalem Zentralbankgeld bringt erhebliche Risiken mit sich, die weit über technologische Fragen hinausgehen. In Zeiten ernster Währungskrisen könnten Bürger in großem Umfang ihre Einlagen von Geschäftsbanken abziehen. Das nennt sich „Banken-Run" und die Politik hat eine Heidenangst davor, da nur ein Bruchteil des im Umlauf befindlichen Geldes auch tatsächlich als Bargeld verfügbar ist. Sollte dies passieren, würde das traditionelle Bankensystem, das auf Kundeneinlagen angewiesen ist, um Kredite zu vergeben und den Betrieb aufrechtzuerhalten, massiv destabilisieren und schlimmstenfalls zum Kollaps führen. Man denke dabei nur an den 5. Oktober 2008. Angela Merkel gab gemeinsam mit dem damaligen Finanzminister Peer Steinbrück eine Garantieerklärung ab, dass die Bankeinlagen der deutschen Sparer sicher seien und der Staat dafür garantiere. Dieser Schritt erfolgte während der globalen Finanzkrise, die durch die Pleite der US-Investmentbank Lehman Brothers im September 2008 ausgelöst wurde. Zwar gab es keine rechtlich verbindliche Zusicherung, die Erklärung hatte jedoch eine starke symbolische Wirkung und trug maßgeblich dazu bei, die Lage zu beruhigen. Mit digitalem Zentralbankgeld ist dies nicht mehr notwendig. Es wird einfach ein Tagesvolumen eingeführt. Sie können nicht mehr als 50 € pro Tag ausgeben und kein Geld außerhalb des Landes transferieren und fertig. Problem Banken Run gelöst. Es gibt ja nicht einmal Bargeld, das man abheben könnte.

Ein vollständig digitales Geldsystem erhöht die Gefahr von Cyberangriffen. Hacker könnten zentrale Infrastrukturen ins

Visier nehmen, was zu massiven wirtschaftlichen Schäden und Störungen führen könnte. Die Sicherheit solcher Systeme wird zu einer zentralen Herausforderung, birgt jedoch gleichzeitig immense Risiken.

Ein weiteres Problem ist die sogenannte „Digital Divide". Nicht alle Bürger haben gleich guten Zugang zu digitaler Infrastruktur. In ländlichen Regionen oder unter ärmeren bzw. Älteren Bevölkerungsgruppen könnten technische Barrieren dazu führen, dass Teile der Bevölkerung von der Nutzung von CBDCs ausgeschlossen werden. Dies könnte die soziale und wirtschaftliche Spaltung in der Gesellschaft weiter verschärfen.

Schließlich besteht die Gefahr, dass CBDCs von Regierungen missbraucht werden könnten. Mit einem solchen System hätte der Staat die Möglichkeit, politische Gegner zu überwachen und gezielt finanziell zu sanktionieren. Es wäre denkbar, dass Dissidenten der Zugang zu ihrem Geld verwehrt wird oder bestimmte Bevölkerungsgruppen diskriminiert werden, was die Machtfülle des Staates gefährlich ausweiten könnte.

Der digitale Euro mag auf den ersten Blick wie eine moderne und praktische Lösung erscheinen, doch die Risiken und Gefahren sind enorm.

Fazit

In Ländern wie China ist die Überwachung und Kontrolle durch digitales Zentralbankgeld in vielen Provinzen längst Realität. Dort wurden CBDC und Kontrollsysteme wie das Sozialkreditsystem zunächst in regionalen Pilotprojekten getestet, um ihre Umsetzbarkeit und Effizienz vor einer landesweiten Einführung zu prüfen. Die Regierung entscheidet, wer wie viel von seinem eigenen Geld und wofür ausgeben darf. Wer sich nicht systemkonform verhält, wird abgestraft. Im Rahmen des Social Credit Systems werden alle Aktivitäten der Bürger überwacht und bewertet. Wer zu viele Minuspunkte sammelt, verliert nicht nur sein Gesicht, sondern auch seine finanziellen Freiheiten. Konten werden gesperrt, Kredite verweigert, Reisen untersagt.

Was in China bereits Alltag ist, könnte mit dem digitalen Euro schon bald auch bei uns Wirklichkeit werden. Auch sind Tendenzen und Wünsche diesbezüglich heute schon sichtbar. Die Versuchung für Regierungen und Zentralbanken, ihre neu gewonnene Macht zu missbrauchen, ist einfach zu groß. Der gläserne Bürger, dessen Finanzen bis ins kleinste Detail überwacht und gesteuert werden, ist keine Dystopie mehr, sondern bittere Realität. Und der digitale Euro ebnet den Weg in eine Welt, in der es keine finanziellen Geheimnisse mehr gibt.

Wir stehen an einem Wendepunkt. Die Einführung des digitalen Euros könnte der Beginn einer neuen Ära sein, in der unsere finanzielle Freiheit massiv eingeschränkt wird. Es ist wichtig, wachsam zu bleiben und kritisch zu hinterfragen, welche Auswirkungen diese Technologie auf unser tägliches Leben hat. Der Schutz unserer Privatsphäre und unserer finanziellen Unabhängigkeit muss oberste Priorität haben. Lassen Sie uns gemeinsam dafür kämpfen, dass der gläserne Bürger nicht zur Realität wird. Die Politiker werden es bestimmt nicht tun.

Gefahr Nr. 14 – Das EU-Vermögensregister: Wie die EU uns zum gläsernen Bürger macht

Haben Sie sich jemals gefragt, wie viel die EU über Ihre finanziellen Angelegenheiten weiß? Bald könnte die Antwort darauf „alles" sein. Die Europäische Union plant ein EU-weites Register, das Ihre Privatsphäre und finanzielle Freiheit massiv einschränken wird: Das EU-Vermögensregister. Ich habe zum ersten Mal darüber 2022 erfahren und darüber zu warnen begonnen. 2025 war es dann soweit. Offiziell natürlich, wie sollte es anders sein, ist es gegen Geldwäsche, Terrorismusfinanzierung und Manipulation des Geldmarktes. Aber in Wirklichkeit ist es, wie so oft, weit, weit mehr.

Jedes Stück Eigentum, das Sie besitzen, jeder Euro auf Ihrem Konto, jede Aktie, jede Immobilie und jedes wertvolle Sammlerstück – alles soll zentral erfasst und überwacht werden. Diese drastischen Maßnahmen betreffen nicht nur die Superreichen, sondern auch den Mittelstand und jeden, der ein kleines Vermögen aufgebaut hat. Mit dem EU-Vermögensregister wird die Illusion der finanziellen Privatsphäre endgültig begraben. Willkommen im neuen Überwachungsstaat, in dem Ihr Vermögen nicht mehr Ihr Geheimnis ist, sondern ein offenes Buch für die Behörden.

Totalüberwachung für alle Bürger

Das Register wird als Allheilmittel gegen die Übel unserer Zeit angepriesen. Es beendet Schwarzgeld, die bösen Kriminellen können keine Geldwäsche mehr betreiben und der Terror wird ausgehungert, weil er nicht mehr finanziert werden kann. Hurraa, lasset uns auf den Straßen tanzen. Doch während der ein oder andere dieser Punkte tatsächlich zumindest erschwert wird, ist dieses neue Register auch ein perfides Instrument, das die Bürger Europas unter dem Deckmantel der Sicherheit und Ordnung entwaffnen wird. Es geht um Kontrolle, Macht und den unstillbaren Drang der Bürokraten, jedes Detail Ihres Lebens zu überwachen und zu regulieren. Und vor allem die Regulierungen haben es den ungewählten EU-Beamten angetan.

Bereits 2021 wurde der Grundstein für dieses gigantische Überwachungsprojekt gelegt. Die EU-Politikzentrale in Brüssel hat das Vermögensregister als entscheidenden Schritt im Kampf gegen Finanzkriminalität beschlossen. Wie immer wissen sie am besten, was gut für uns ist. Doch je mehr Pläne und Beschlüsse seitens der EU bekannt wurden, desto klarer wurde, dass dieses Register ein umfassendes Kontrollinstrument ist. Es öffnet den Finanzinstitutionen der Mitgliedsländer umfassende Möglichkeiten, auf Ihre Finanz- und Vermögensdaten zuzugreifen.

Im März 2023 gab das EU-Parlament dann grünes Licht für das digitale Vermögensregister und die Einrichtung einer neuen EU-Geldwäschebehörde. Im Januar 2024 folgten konkrete Maßnahmen: Einführung des Vermögensregisters und die Deckelung von Bargeldtransaktionen auf 10.000 Euro. Diese Schritte markieren den Beginn einer neuen Ära der Überwachung und Kontrolle. Bereiten Sie sich darauf vor, dass Ihre finanzielle Autonomie massiv beschnitten wird. Ihre finanzielle Privatsphäre wird zur Farce, und der Staat erhält Einblick in jeden Winkel Ihres finanziellen Lebens. Doch das ist erst der Anfang. Es gibt noch viele weitere versteckte Fallstricke und Gefahren, die in den folgenden Kapiteln detailliert erläutert werden.

Die Mechanismen hinter dem EU-Vermögensregister

Das EU-Vermögensregister ist mehr als nur eine weitere bürokratische Hürde. Es ist der neueste Streich der Europäischen Union, um die Bürger vollständig gläsern zu machen. Die Ziele der EU sind klar: vollständige Transparenz und höchstmögliche Kontrolle schaffen, sodass die Behörden Zugang zu allen Finanztransaktionen und Vermögenswerten der Bürger haben. Dadurch wird die Grundlage für eine EU-weite Bemessung und Versteuerung des Besitzes und der Gewinne vermögender Menschen geschaffen.

Strengere Regeln für Vermögen und Bargeld: Die EU zieht die Zügel an

Am 17. Januar 2024 haben der EU-Ministerrat und das EU-Parlament dann den Plan in die Praxis umgesetzt und tiefgreifende Maßnahmen beschlossen, die die Verwaltung von Vermögen und den Umgang mit Bargeld in der Europäischen Union grundlegend verändern sollen. Im Fokus standen zwei zentrale Neuerungen: die Einführung des erwähnten Vermögensregisters und die Deckelung von Bargeldtransaktionen.

Das neue Vermögensregister erfasst vorerst alle Werte ab einem Betrag von 200.000 Euro, wodurch eine umfassende Transparenz über Vermögensverhältnisse geschaffen werden soll. Gleichzeitig wird die Bargeldnutzung weiter eingeschränkt: Transaktionen über 10.000 Euro in bar werden künftig untersagt, unabhängig davon, ob es sich um private oder geschäftliche Zwecke handelt (Siehe auch Gefahr Nr. 7 - Sein Geld nicht vor dem Zugriff des Staates zu schützen).

Um diese Regeln effektiv durchzusetzen, hat die EU die Gründung einer neuen Behörde beschlossen (was sonst, Bürokraten erschaffen neue Bürokraten – der Kreis des Beamten-Lebens): die Anti-Money Laundering Authority (AMLA).88 Diese Institution nimmt eine zentrale Rolle bei der Überwachung und Durchsetzung der neuen Vorschriften ein. Mit weitreichenden Befugnissen ausgestattet, kann die AMLA Maßnahmen ergreifen, die tief in das Privatleben und die finanziellen Freiheiten der Bürger eingreifen. Was diese sind?

- **Sperrung von Konten:** Die Behörde hat das Recht, Bankkonten einzufrieren, wenn der Verdacht auf Verstöße besteht.
- **Hausdurchsuchungen:** Bei Bedarf kann die AMLA die Durchsuchung von Privat- und Geschäftsräumen veranlassen.
- **Anforderung von Unterlagen:** Bürger und Unternehmen müssen finanzielle Dokumente oder Nachweise bereitstellen, wenn die Behörde dies verlangt.
- **Hohe Strafen:** Bei Zuwiderhandlungen drohen Strafen von bis zu einer Million Euro, was deutlich macht, wie ernst die EU diese neuen Regelungen nimmt.

[88] „Behörde zur Bekämpfung von Geldwäsche" oder kurz „Geldwäschebekämpfungsbehörde". In offiziellen Dokumenten wird sie auch als „EU-Behörde zur Geldwäschebekämpfung" bezeichnet, um ihre Rolle im europäischen Kontext hervorzuheben.

Wunderbar, alles im Dienste der Bevölkerung, alles gegen Geldwäsche, illegale Finanzströme und Terror (nicht gegen den auf den Weihnachtsmärkten).

Kritiker sehen jedoch in der Einführung des Vermögensregisters und der Machtfülle der AMLA erhebliche Gefahren für die Privatsphäre und die finanzielle Freiheit der Bürger. Die Grenze zwischen Sicherheit und Überwachung wird hier still und heimlich neu definiert. Wieder einmal das klassische „Wer nichts zu verbergen hat, hat nichts zu befürchten". Wo bauen wir nur all diese Umerziehungslager hin? Könnte ich mir gut vorstellen, dass sich auch damit gerade eine Abteilung in Brüssel herumschlägt. Aber zurück zu den realen Gefahren.

Diese AMLA wird ihren Sitz in Frankfurt/Main haben und ab Mitte 2025 ihre Arbeit aufnehmen. Zusätzlich muss jeder einzelne EU-Mitgliedstaat eine zentrale Stelle einrichten, die im Auftrag der AMLA Finanztransaktionen beobachtet und untersucht – die sogenannten Financial Intelligence Units (FIU). In Deutschland ist die FIU offiziell als „Zentralstelle für Finanztransaktionsuntersuchungen" bekannt und dem Zoll unterstellt, in Österreich ist es die Geldwäschemeldestelle, die dem Bundeskriminalamt unterstellt ist. Diese Behörden sind für die Analyse und Meldung verdächtiger Finanztransaktionen zuständig, insbesondere zur Bekämpfung von Geldwäsche und Terrorismusfinanzierung. Jede FIU ist unabhängig, jedoch sind sie durch die EU-Richtlinien und internationale Standards wie die Vorgaben der Financial Action Task Force (FATF) miteinander vernetzt, um Geldwäsche und Terrorismusfinanzierung auf europäischer Ebene effektiver zu bekämpfen. Neue Gesetze, neue Behörden. Falls Sie sich jemals gefragt haben, was mit unseren Steuergeldern passiert. Unter anderem bezahlen Sie dafür, sich ihr eigenes, unsichtbares Gefängnis zu bauen.

Ein weiterer Baustein ist die Einrichtung eines neuen „Mega-Finanzamts" in Deutschland. Laut einem Referentenentwurf des Bundesfinanzministeriums vom 13. September 2023 soll ab 2024 das Bundesamt zur Bekämpfung von Finanzkriminalität (BBF) in Köln und Dresden aufgebaut werden. Ein zentrales Ziel des BBF ist die Zentralisierung und Vernetzung aller bislang dezentralen Einzelbehörden, die bislang unabhängig voneinander agierten. Dadurch sollen Synergien geschaffen und die Kommunikation zwischen den zuständigen Stellen verbessert werden. Es reicht nicht, dass Deutschland einen der höchsten Steuersätze der Welt hat. Und eine der effektivsten und strengsten Steuerbehörden. Im Rahmen der deutschen Effizienz geht es immer noch ein wenig mehr.

Ein wichtiger Bestandteil des BBF-Plans ist die Integration der Financial Intelligence Unit (FIU), die bislang eigenständig agiert. Die FIU wird bis Mitte 2025 vollständig in das BBF eingegliedert, wodurch die Analyse und Bearbeitung verdächtiger Finanztransaktionen auf nationaler Ebene zentralisiert wird. Diese Strukturreform soll Deutschland zu einem Vorreiter im Kampf gegen Finanzkriminalität machen und gleichzeitig das Vertrauen in die Transparenz und Sicherheit der Finanzsysteme stärken. Und spontaner Jubel bricht aus.

Doch es kommt noch besser

Nicht nur Behörden werden künftig einen umfassenden Überblick über die aktuelle Vermögenssituation und Finanztransaktionen der EU-Bürger haben. Auch Personen mit berechtigtem Interesse, wie Journalisten, Organisationen der Zivilgesellschaft und Hochschuleinrichtungen, sollen Zugang zu den Registern erhalten. Offenbar ist dies ein weiterer glorreicher Schritt in Richtung des perfekten Überwachungsstaats, in dem die Privatsphäre der Bürger als lästiges Relikt vergangener Zeiten betrachtet wird. Schließlich kann staatliche Kontrolle gar nicht groß genug sein – wer braucht schon persönliche Freiheiten, wenn man stattdessen rund um die Uhr überwacht und analysiert werden kann?

Jeder Bürger mit „gewissen Vermögenswerten" könnte unter Generalverdacht gestellt und dem Vorwurf der Kriminalität und Verschleierung ausgesetzt werden.

Für den einzelnen Bürger bedeuten die neuen EU-Regelungen erhebliche Änderungen. Jeder, der über Eigentumswerte von mehr als 200.000 Euro verfügt, muss diese künftig im Vermögensregister eintragen. Dies betrifft:

- Unternehmensanteile und Aktien
- Immobilien im In- und Ausland
- Sparguthaben
- Edelmetalle
- Kryptowährungen
- Wertgegenstände wie Segelboote, Yachten, wertvolle Autos und Kunstgegenstände

Ach, die vollständige Transparenz der Besitzwerte jedes Bürgers – was für ein nobler Plan! Endlich können wir sicherstellen, dass jeder seine gerechte Steuerlast trägt, oder besser gesagt, dass diejenigen, die etwas haben, dafür bezahlen, dass andere weniger haben. Und natürlich verhindern wir damit, dass Vermögenswerte über die EU-Grenzen hinaus verschoben werden, weil wir alle wissen, wie gut es funktioniert, Menschen dazu zu zwingen, ihr Geld dort zu lassen, wo es von Bürokratie und Inflation zerfressen wird.

Die Aussagen von EU-Kommissionspräsidentin Ursula von der Leyen? Die sind natürlich nur ein Zufall und haben absolut nichts mit einer Agenda zu tun. Und die Parteiprogramme der Grünen und der SPD? Die sind einfach nur ein weiteres Beispiel für die großartige, transparente und selbstlose Politik, die wir alle so lieben und der wir so vertrauen.

Ja, das alles dient nur dem Wohl aller Bürger, keine Hintergedanken, keine Machtkonsolidierung, nur pure, unverfälschte Fürsorge. Bravo, EU! Danke.

[Sarkasmus Ende]

Mögliche Lösungen

In einer Welt, wo der Staat alle Fäden in der Hand hält, wird Freiheit zu einem Luxus, den nur wenige sich leisten können. Wer kein Geld hat, braucht sich nicht zu sorgen, denn er wird seine Freiheit im Tausch gegen ein Grundeinkommen eintauschen, verbunden mit strikter Überwachung seines Verhaltens, eingeschränkter Bewegungsfreiheit und einer völligen Abhängigkeit von den Launen der Staatsmacht. Die Folge: ein Leben unter ständiger Beobachtung, wo Eigeninitiative und Abweichung von der Norm mit Bestrafung oder Isolation belegt werden, und wo die persönliche Identität und das Streben nach Individualität zugunsten eines einheitlichen, kontrollierten Daseins geopfert werden.

Dem das nicht gefällt? Nun, mein persönlicher Favorit ist, politisch aktiv zu werden. Das ist kein Scherz! Wenn sich die vernünftigen Leute drücken und nichts tun, werden wir früher oder später von Kinderbuchautoren und Umweltaktivisten regiert. Oh ...

Was können Sie noch tun? Eine weitere Möglichkeit besteht darin, Teile des Vermögens ins Ausland zu verlagern. Indem man Vermögenswerte in stabile Länder mit starkem Bankgeheimnis außerhalb der EU transferiert, kann man sich den strengen Regelungen des Vermögensregisters und anderer Kontrollinstrumente entziehen. Allerdings erfordert diese Strategie eine sorgfältige Planung und ein fundiertes Verständnis der jeweiligen Gesetzgebung, um sicherzustellen, dass das Vermögen wirklich geschützt ist. Mehr dazu gibt es auch beim Kapitel Gefahr Nr. 19 – Einschränkung der persönlichen Freiheiten.

Was ist mit einem Goldverbot?

Was hauptsächlich junge Menschen vergessen, ist, dass es in der Geschichte Deutschlands mehrfach Goldverbote gab. Diese waren oft mit wirtschaftlichen Krisen und staatlicher Not verbunden. Ein markantes Beispiel ist das Goldverbot von 1923, als Reichspräsident Friedrich Ebert während der Hyperinflation den Goldbesitz komplett untersagte, um die Wirtschaft zu stützen und Goldreserven für den Staat zu sichern. Auch nach dem Zweiten Weltkrieg verfügten die alliierten Siegermächte ein Goldverbot, um die deutsche Wirtschaft unter Kontrolle zu halten und die Kriegsreparationszahlungen zu gewährleisten. Diese historischen Beispiele zeigen, wie Goldbesitz in Zeiten der Not als Mittel zur Staatsfinanzierung gesehen wurde.

Heute steht Deutschland jedoch vor einer anderen Herausforderung: Ich persönlich glaube nicht, dass es zu einem Goldverbot oder einer Gold-Enteignung kommen wird. Der Fokus scheint jedoch darin zu bestehen, den Besitz von Gold unattraktiv zu machen. Anstatt physisches Gold zu beschlagnahmen, werden subtilere Methoden verwendet. Hier einige Optionen, die der Staat hat, Gold als Investment unattraktiv zu machen:

Steuern

Die Einführung von Steuern wie Kapitalertragssteuern auf Goldinvestitionen oder die Erhöhung der Mehrwertsteuer auf Edelmetallkäufe sind zwei Wege, wie der Staat den Reiz von Gold als Anlageform schmälern könnte.

Kontrolle

Die Anonymität bei Goldkäufen wurde bereits durch Gesetzesänderungen eingeschränkt. Seit 2020 muss für Käufe über 2.000 Euro die Identität des Käufers erfasst werden, was eine erhebliche Abschreckung für anonymen Goldkauf darstellt und dem Staat mehr Kontrolle über den Goldmarkt gibt.

Vorschriften

Zusätzlich könnten zukünftige Vorschriften die private Lagerung von Gold erschweren, indem sie private Tresore regulieren oder die Verpflichtung einführen, Gold in staatlich überwachten Depots zu lagern. Solche Maßnahmen würden die Unabhängigkeit und Sicherheit von Gold als Anlageform untergraben.

Weitere drastische Maßnahmen

Weitere Optionen könnten drastischere Schritte beinhalten, wie z.B. Zwangsabgaben auf bestehende Goldbestände oder sogar Manipulationen am Goldpreis, um das Vertrauen in Gold als Wertaufbewahrungsmittel zu mindern. All dies würde nicht die direkte Enteignung darstellen, sondern den Goldbesitz ineffizienter und weniger attraktiv machen, was letztlich zu einem ähnlichen Ergebnis führen könnte wie ein offizielles Verbot – ohne das politische Risiko eines solchen Schrittes.

Achtung, dies stellt meine persönliche Analyse dar. Ich hoffe, dass nichts davon eintritt. Aber wenn doch, sehen Sie oben die Anleitung und den Weg, der eingeschlagen wird.

Eine weitere effektive Option ist die Investition in leicht transportierbare Werte mit hoher Dichte, wie Edelsteine. Gold und Silber sind nicht so leicht zu transportieren, bei größeren Mengen weiß der Staat darüber Bescheid und könnte, zumindest theoretisch, darauf zugreifen. Hochwertige Edelsteine wie Rubine, Saphire, Smaragde oder andere stellen eine attraktive Möglichkeit dar, Vermögen auf kleinstem Raum zu sichern. Diese Werte können sicher in Tresoren oder Offshore-Lagereinrichtungen aufbewahrt und vor allem transportiert werden.

Zusätzlich bieten Stiftungen eine legale und oft steuerlich vorteilhafte Möglichkeit, Vermögenswerte langfristig zu sichern. Stiftungen schützen Vermögen vor staatlichen Zugriffen und können individuell nach den Bedürfnissen und Zielen des Vermögensinhabers strukturiert werden. Sie sind besonders geeignet für die nachhaltige Sicherung von Familienvermögen. Es gibt zum Thema „Stiftung" ein sehr interessantes Video, dass Sie sich unbedingt ansehen sollten:

Interview Stiftungen

https://markusdan.com/insider-interview-stiftungen/

Sollten Sie sich dazu entscheiden, selbst etwas in diese Richtung zu unternehmen, so bekommen Sie mit dem Gutschein-Code **markus50** 50 % Rabatt.

paxos.com

Auch Kryptowährungen spielen eine immer größere Rolle beim Schutz von Vermögenswerten. Sie bieten derzeit noch ein gewisses Maß an Anonymität und Schutz vor staatlicher Überwachung, insbesondere wenn sie sicher und diskret verwaltet werden. Ihre Flexibilität in der Übertragung und Speicherung macht sie zu einer zukunftsorientierten Lösung. Das Problem bei Kryptowährungen ist jedoch ihre Volatilität, die sie mehr zu einem Spekulationsobjekt macht als zu einer dauerhaften Investition. Interessant dabei sind für mich jedoch sogenannte RWAs, also Real World Assets. Dabei werden physikalische Werte in digitaler Form auf der Blockchain abgebildet. Hierbei gibt es zwei interessante Anbieter: PAX-Gold (https://paxos.com/paxgold/), die Gold tokenisiert haben und es so jederzeit verfügbar und transportierbar machen, und GEM Token (https://gemtrust.net/), die dasselbe mit Edelsteinen gemacht haben. Ich persönlich nutze beide Angebote.

gemtrust.net

Letztlich ist es entscheidend, die Gefahren staatlicher Kontrolle anzuerkennen und aktiv dagegen vorzugehen. Klar kann man darauf vertrauen, dass der Staat nur das Beste für einen im Sinn hat. Hüstel, Hüstel. Aufklärung und Widerstand sind unverzichtbar. Informieren Sie sich umfassend, schließen Sie sich mit Gleichgesinnten zusammen und setzen Sie sich für Ihre Rechte ein. Es ist von größter Bedeutung, wachsam zu bleiben und rechtzeitig Maßnahmen zu ergreifen, um Ihre finanzielle Freiheit zu schützen. Nichts zu tun ist keine Lösung – bereiten Sie sich vor, informieren Sie sich umfassend und nutzen Sie die verfügbaren Mittel, um Ihre finanzielle Freiheit und Privatsphäre zu bewahren.

Fazit

Das EU-Vermögensregister ist ein gravierender Schritt in Richtung totaler Überwachung und Kontrolle. Es kann das Ende der finanziellen Privatsphäre und Autonomie bedeuten. Die Bürger der EU müssen sich darauf einstellen, dass ihre Vermögenswerte akribisch überwacht und dokumentiert werden. Noch gibt es Möglichkeiten, sich gegen diesen Eingriff zu wehren und sein Vermögen zu schützen.

Gefahr Nr. 15 – Vermögensverschleierungsbekämpfungs-Gesetz: Der Weg zur Totalüberwachung

Stellen Sie sich vor, Sie leben in einer Welt, in der jede finanzielle Bewegung überwacht wird. Die Regierung weiß genau, wie viel Geld Sie besitzen, wo es liegt und wofür Sie es ausgeben. Klingt nach Science-Fiction? Willkommen in der Realität des Vermögensverschleierungsbekämpfungs-Gesetzes (VVBG).[89]

Das VVBG ist ein (weiteres) Gesetz, das darauf abzielt, das Wirtschafts- und Finanzsystem vor illegalen Geldströmen zu „schützen". Da sind sie wieder, der böse, böse Terror und das böse Schwarzgeld. Dieses Gesetz tritt 2025 in Kraft, um „den Gefahren durch die Einschleusung von kriminell erworbenen Vermögen in den regulären Geldkreislauf wirksam entgegenzutreten."[90] Doch es dürfte Ihnen mittlerweile klar sein: Es geht wieder einmal weit über den offiziellen Zweck hinaus und dient in Wirklichkeit der Errichtung einer umfassenden Überwachungsstruktur. Mit diesem Gesetz schafft die Regierung die Grundlage für eine totale Kontrolle über das finanzielle Leben ihrer Bürger, wodurch jede finanzielle Transaktion überwacht und jeder Aspekt des Vermögens offengelegt wird (siehe auch Gefahr Nr. 13 – Digitales Zentralbankgeld und Gefahr Nr. 14 – Das EU-Vermögensregister.

bundesfinanzministerium.de

focus.de

Das VVBG ist eng mit dem Bundesamt zur Bekämpfung von Finanzkriminalität (BBF) verknüpft und stellt keine separate Institution dar. Vielmehr soll innerhalb des BBF eine spezialisierte Einheit, das Ermittlungszentrum Vermögensverschleierung (EZV), eingerichtet werden, die mit den Befugnissen des VVBG ausgestattet ist. Behörden schaffen neue Behörden. Irgendwie erkenne ich da ein Muster? Oder bin das nur ich?

---

[89] https://www.bundesfinanzministerium.de/Content/DE/Gesetzestexte/Gesetze_Gesetzesvorhaben/Abteilungen/Abteilung_III/20_Legislaturperiode/2024-04-23-VVBG/1-Referentenentwurf.pdf?__blob=publicationFile&v=3

[90] https://www.focus.de/finanzen/steuern/was-sie-wissen-muessen-wirbel-um-vermoegensregister-das-steckt-hinter-den-eu-plaenen_id_260169508.html

Ein zentraler Bestandteil des Gesetzes ist die Einrichtung des Ermittlungszentrums zur Vermögensverschleierung, einer spezialisierten Einheit innerhalb des neuen Bundesamts. Das Gesetz erweitert auch die Befugnisse dieser neuen Einheit erheblich und schafft so ein umfassendes Instrumentarium zur finanziellen Überwachung der Bürger. Wenn Sie bisher keinen konkreten Anlass zur Sorge hatten, bietet das VVBG nun reichlich Grund dazu. Diese Maßnahmen sind keine bloßen Vorsichtsmaßnahmen, sondern real und zutiefst beunruhigend. Es geht nicht um Panikmache oder Verschwörungstheorien, sondern um die ernsthaften Konsequenzen, die dieses Gesetz mit sich bringt.

Wie ist das Gesetz aufgestellt?

Das VVBG ist ein Gesetz, das Kriminelle ins Visier nehmen soll, die versuchen, „schmutziges" bzw. „schwarzes" Geld in unser Finanzsystem einzuschleusen. Es soll sicherstellen, dass Vermögenswerte, die aus Verbrechen wie Drogenhandel oder Korruption stammen, nicht unentdeckt bleiben. Klingt gut. Das Problem ist aber, dass damit alle Vermögenswerte gemeint sind, die keine klare Herkunft haben. Sie haben Geld von Ihren Großeltern geschenkt bekommen und sich keine Quittung geben lassen? Tja, Sie sind gerade Besitzer von „schmutzigem Geld" geworden. Ihre Eltern leihen Ihnen Geld, um sich z.B. ein Haus zu kaufen? Gratuliere, Sie sind nun ein Verbrecher und man könnte das Haus enteignen. Sie verkaufen Waren auf dem Flohmarkt? Tja, da sind Sie ja schon fast auf dem Level eines Drogenhändlers.

Achtung, diese Beispiele mögen etwas überspitzt klingen, aber das Gesetz zielt tatsächlich darauf ab, das Einschleusen „inkriminierter Vermögenswerte" in das Wirtschafts- und Finanzsystem zu bekämpfen. „Inkriminierte Vermögenswerte" sind Einnahmen, die aus illegalen Aktivitäten stammen oder in Zusammenhang mit Straftaten stehen. Das Problem wieder einmal ist, dass dies nicht genau definiert ist. Sehen Sie selbst und urteilen:

- **Willkürliche Grenzwerte:** Besitzen Sie mehr als 100.000 Euro? Glückwunsch, Sie sind ab sofort ein potenzieller Krimineller. Der Grenzwert ist willkürlich festgelegt und zielt darauf ab, möglichst viele Menschen unter Verdacht zu stellen.

- **Verdächtige Transaktionen:** Jede größere Einzahlung oder Nutzung komplexer Unternehmensstrukturen macht Sie verdächtig. Die Grenze für anonyme Transaktionen wurde auf 10.000 Euro gesenkt, um maximale Kontrolle zu gewährleisten.
- **Erweiterte Befugnisse:** Die neue Behörde kann Geschäftsräume betreten, durchsuchen, Verhöre durchführen und Vermögensgegenstände beschlagnahmen – oft ohne richterliche Anordnung.
- **Ermittlungszentrum zur Vermögensverschleierung:** Eine spezialisierte Einheit mit erweiterten Befugnissen, die tief in Ihre privaten Vermögensverhältnisse eindringen kann.

Derzeit befindet sich das VVBG im Gesetzgebungsverfahren und hat den Status eines Referentenentwurfs. Es muss noch die weiteren Schritte des Gesetzgebungsprozesses durchlaufen, einschließlich der Beratung und Verabschiedung durch den Bundestag und den Bundesrat, bevor es in Kraft treten kann. Allerdings ist dies noch bloße Formsache, sollte sich nicht massiver Widerstand aus der Bevölkerung regen.

Welche Auswirkungen hat es auf den einzelnen Bürger?

Das Vermögensverschleierungsbekämpfungsgesetz (VVBG) ist ein weiterer Baustein in einer Serie von Maßnahmen, die den staatlichen Zugriff auf die finanziellen Aktivitäten der Bürger systematisch ausweiten. Ähnlich wie das EU-Vermögensregister und das digitale Zentralbankgeld wird das VVBG offiziell mit der Bekämpfung von Geldwäsche, Steuerhinterziehung und Terrorfinanzierung begründet. Vermutlich bald auch Menschen-, Organ- und Kinderhandel. Doch die Konsequenzen gehen weit über diese Ziele hinaus und gefährden grundlegende Freiheitsrechte.

Das Gesetz schafft eine neue Ebene der Überwachung: Finanzielle Aktivitäten werden vollständig transparent, private Daten für staatliche Stellen jederzeit zugänglich. Dies bedeutet einen tiefen Eingriff in die Privatsphäre und erschwert Alltagsgeschäfte, insbesondere für kleinere Unternehmer oder Bürger, die auf größere Bargeldtransaktionen angewiesen sind. Gleichzeitig erhält die zuständige Behörde umfassende Befugnisse, darunter die Durchsuchung von Wohnungen und Geschäftsräumen, die Beschlagnahme von Unterlagen oder sogar die Einziehung von Vermögenswerten ohne Verurteilung. Die Kosten dieser Maßnahmen werden den betroffenen Bürgern auferlegt – unabhängig davon, ob eine Straftat nachgewiesen wird.

Zusätzlich erlaubt das VVBG den automatisierten Abgleich personenbezogener Daten zwischen verschiedenen Behörden und öffnet die Tür für eine internationale Datenweitergabe. Diese Maßnahmen schaffen nicht nur eine Atmosphäre der Unsicherheit, sondern legen auch die Grundlage für künftige Eingriffe in das Privatvermögen. Besonders kritisch ist die Ermächtigung der Bundesregierung, bestehende Gesetze anzupassen, um die Regelungen des VVBG flexibel durchsetzen zu können – ein Schritt, der die parlamentarische Kontrolle weiter schwächt.

Wie schon bei anderen Initiativen wie dem digitalen Zentralbankgeld zeigt sich hier ein klares Muster: Der Staat erweitert Schritt für Schritt seine Kontrolle über die Vermögenswerte der Bürger und opfert dabei fundamentale Rechte wie die Privatsphäre. Die zentrale Frage bleibt: Wer schützt die Bürger vor der Macht solcher Maßnahmen? Und wer kontrolliert die Kontrolleure? Das VVBG ist nicht nur ein Gesetz zur Verhinderung von Finanzkriminalität, sondern ein bedenklicher Schritt hin zu einem System, in dem Überwachung und Kontrolle den Freiheitsraum des Einzelnen immer weiter einschränken.

Fazit

Das VVBG kommt unter dem noblen Mantel der Bekämpfung von Geldwäsche und Terrorismusfinanzierung daher, aber wir wissen alle, dass es in Wirklichkeit nur dazu da ist, um uns noch mehr zu überwachen – vielleicht sogar unsere Ersparnisse zu konfiszieren. Das ist zumindest meine Meinung, zu der ich (noch) das Recht habe.

Hier sind ein paar Tipps, was Sie tun können, um sich vor diesem „Wohltäter" zu schützen:

Diversifizieren Sie Ihre Vermögenswerte: Legen Sie nicht all Ihr Geld in digitale Werte, die jederzeit überwacht werden können. Investieren Sie in „echte" Sachen wie Gold oder Edelsteine, die nicht so leicht zu beobachten sind. Oh, wie praktisch, dass man das Gold dann einfach in die Matratze nähen kann!

Informieren Sie sich: Bleiben Sie auf dem Laufenden über die neuesten Gesetze, damit Sie wissen, wie man Ihnen das nächste Mal auf die Finger schauen will. Wissen ist Macht, und in diesem Fall ist es auch Ihr Schutzschild. Folgen Sie mir diesbezüglich auf Telegram (Mein alter X-Account wurde gesperrt, weil ich Minister Habeck einen Lügner genannt habe): https://t.me/MarkusDanIntern

Nutzen Sie legale Schlupflöcher: Ja, die gibt es, und sie sind da, um genutzt zu werden. Sprechen Sie mit echten Experten, die Ihnen zeigen, wie man das System austrickst. Achten Sie dabei auf die Regel, ob derjenige auch das tut, was er predigt. Wenn ich in diesem Buch Empfehlungen gebe, können Sie davon ausgehen, dass diese von mir überprüft wurden.

Markus Dan Telegram

Bilden Sie Netzwerke: Finden Sie Gleichgesinnte, um sich gemeinsam über die neuesten staatlichen Übergriffe zu ärgern und vielleicht sogar Lösungen zu entwickeln. Zusammen sind wir stärker, oder zumindest lauter. Siehe mein Telegram-Kanal.

Internationale Diversifikation: Überlegen Sie, Ihr Vermögen ins Ausland zu bringen, wo es vielleicht weniger Staatsmacht gibt, die Ihnen zu nahe kommen will.

Die schönen Zeiten, in denen man sorglos mit seinem Geld umgehen konnte, sind vorbei. Es ist an der Zeit, sich zu rüsten. Lernen Sie, bleiben Sie informiert, denn Wissen ist die einzige Waffe, die Sie gegen staatliche Übergriffe haben.

Die Zukunft bringt Herausforderungen, die wir uns nicht hätten vorstellen können. Also, seien Sie wachsam, bereiten Sie sich vor, und handeln Sie jetzt, bevor das VVBG beginnt, in Ihr Leben einzugreifen. Und das wird es sehr wahrscheinlich. Vertrauen Sie nicht auf die guten Absichten der Regierung, sondern hinterfragen Sie alles, was Ihre wirtschaftlichen Freiheiten bedroht.

Ihre finanzielle Sicherheit liegt jetzt in Ihren Händen – oder besser gesagt, in den Händen Ihrer Matratze, Ihres Tresors und Ihres Finanzberaters. Machen Sie sich bereit, Ihre Freiheit zu verteidigen, bevor es zu spät ist.

Gefahr Nr. 16 – Enteignung in Deutschland – Ein kritischer Überblick und aktuelle Anwendungen

Enteignung – ein Begriff, der bei vielen Bürgern tiefsitzende Ängste auslöst. Denn wer möchte schon, dass der Staat sich an seinem hart erarbeiteten Eigentum bedient? Doch was steckt wirklich hinter diesem Begriff? Was nach einer abstrakten rechtlichen Maßnahme klingt, hat das Potenzial, jeden Einzelnen von uns ganz konkret zu treffen. Gerade in Zeiten wirtschaftlicher Unsicherheit und steigender staatlicher Verschuldung gewinnt die Diskussion um Enteignungen an Brisanz. Während Politiker sagen „Lastenausgleich? Alles Quatsch!",[91] bleibt die Frage: Wie sicher ist Ihr Eigentum wirklich? Und können Sie etwas tun, um sich zu schützen? In diesem Kapitel werden wir die verschiedenen Facetten der Enteignung beleuchten, ihre rechtlichen Grundlagen erklären und aktuelle Anwendungsmöglichkeiten aufzeigen.

das-parlament.de

Rechtliche Definition und Grundlagen

Enteignung bedeutet, dass der Staat in das Eigentumsrecht eines Individuums oder Unternehmens eingreift. Die rechtliche Grundlage hierfür bildet Art. 14 Abs. 3 des Grundgesetzes (GG):[92]

bundesregierung.de

> *„Eine Enteignung ist nur zum Wohle der Allgemeinheit zulässig. Sie darf nur durch Gesetz oder aufgrund eines Gesetzes erfolgen, das Art und Ausmaß der Entschädigung regelt. Die Entschädigung ist unter gerechter Abwägung der Interessen der Allgemeinheit und der Beteiligten zu bestimmen."*

Mit anderen Worten: Enteignungen in Deutschland dürfen nur unter bestimmten Bedingungen und mit angemessener Entschädigung des Betroffenen stattfinden. Bevor wir uns ansehen, wie das in der Praxis aussieht, müssen wir eine wichtige Unterscheidung treffen:

[91] https://www.das-parlament.de/wirtschaft/finanzen/fuenf-fragen-zum-lastenausgleich

[92] https://www.bundesregierung.de/breg-de/schwerpunkte-der-bundesregierung/75-jahre- grundgesetz/artikel-14-gg-2267842

Was ist Enteignung und was ist Raub?

Der Unterschied zwischen Enteignung und Raub ist oft eine Quelle der Verwirrung, auch sind die Methoden und rechtlichen Grundlagen grundverschieden. In beiden Fällen ist man sein Eigentum los, aber während das Eine im Namen des Rechts geschieht, ist das Andere ein krasser Bruch desselben.

Raub ist die gewaltsame Methode, bei der jemand unter Drohung oder Anwendung von Gewalt das Eigentum eines anderen wegnimmt. Es handelt sich hierbei um eine kriminelle Handlung, die das Strafrecht nicht nur verurteilt, sondern auch mit harten Strafen ahndet. Historisch gesehen gibt es Beispiele für Raub durch den Staat, wie die Plünderungen während des Dreißigjährigen Krieges, als Armeen Städte und Dörfer plünderten. Auch die „Enteignungen" durch die Nationalsozialisten, die ohne rechtliche Grundlage oder Entschädigung Vermögenswerte in Besitz nahmen, waren ein Raub. Das ist auch der Grund, warum geraubtes Vermögen nach dem Krieg auch zurückgegeben werden musste. Auch in modernen Zeiten gibt es Fälle, wo staatliche oder quasistaatliche Akteure bei politischen Unruhen oder wirtschaftlichen Krisen in die Rolle des Räubers schlüpfen und Eigentum ohne rechtliche Grundlage beschlagnahmen. Zu denken sei hier an die Beschlagnahmung von Vermögen russischer Staatsbürger, wobei es keine rechtliche Grundlage dafür gibt, die Betroffenen geklagt und Recht bekommen haben. Was offiziell als „Beschlagnahme" tituliert wurde, war in Wirklichkeit rechtlich gesehen ein Raub.

Enteignung hingegen ist eine rechtlich geregelte, wenngleich oft umstrittene Praxis. Hierbei entzieht der Staat Eigentum im öffentlichen Interesse, aber mit der Verpflichtung zur Entschädigung. Also noch ein wichtiger Unterschied:

Raub: man nimmt Ihnen Ihr Eigentum und Sie bekommen nichts. Enteignung: man nimmt Ihnen Ihr Eigentum und Sie bekommen etwas (da wird dann oft darüber gestritten, weil zu wenig).

Enteignung ist auch unter dem Mantel des Gemeinwohls verpackt und wird durch Verfassungen und Gesetze geregelt. Ein klassisches Beispiel ist der Bau von Autobahnen, wo Grundstücke enteignet werden, um Platz für Infrastrukturprojekte zu schaffen, und die Eigentümer eine Entschädigung erhalten, die oft als „angemessen" beschrieben wird. Auch bei Stadtentwicklungen, wenn Gebäude abgerissen werden müssen, um Platz für öffentliche Einrichtungen wie Schulen oder Parks zu machen, greift der Staat auf Enteignung zurück, wiederum mit der gesetzlichen Verpflichtung zur Entschädigung.

Da wir jetzt die rechtlichen Grundlagen gesehen haben, sehen wir uns die Situation in der Praxis und jüngeren Geschichte an.

Lastenausgleich und das Lastenausgleichsgesetz

Das Gesetz, das ich Ihnen hier zeigen muss, ist das Lastenausgleichsgesetz. Es erlaubt, vereinfacht gesagt, den Zugriff auf Ihre Immobilien. Und ja, es wurde bereits 1952 angewendet. Damals wurde Immobilienbesitzern eine Zwangshypothek auf deren Immobilie auferlegt, die dann über die nächsten 30 Jahre zurückgezahlt werden musste.

bundestag.de

Ich möchte Ihre wertvolle Lebenszeit nicht übermäßig strapazieren und auch nicht zu sehr ins Detail gehen. Sie sollten nur wissen, dass Deutschland das weltweit genaueste Katastersystem hat. Der Staat weiß von jedem Quadratmeter in Deutschland, wem er gehört. Und er kann – indirekt über die Grundsteuer – darauf zugreifen. Oder direkt durch Zwangshypotheken.

Die Verfassungsmäßigkeit des Lastenausgleichsgesetzes wurde zuletzt 2020 überprüft. Der Bundestag hat dabei die Studie „Verfassungsmäßigkeit einer Vermögensabgabe zur Bekämpfung der wirtschaftlichen Folgen der Corona-Pandemie"[93] in Auftrag gegeben. Basierend darauf werden Politikerstimmen immer lauter, die nach einem „gerechten Lastenausgleich" rufen. Ein Schelm, der Böses dabei denkt.

[93] https://www.bundestag.de/resource/blob/691376/2feb28d7057bf918bd18254ab06d95ad/wd-4-041-20-pdf-data.pdf

Stille Enteignung durch Inflation

Eine weniger offensichtliche Form der Enteignung ist die schleichende Entwertung von Vermögen durch Inflation. Wenn die Kaufkraft des Geldes sinkt, verliert Ihr Vermögen an Wert – eine Art „stille Enteignung". Die Inflation wirkt auf das Vermögen, indem sie die realen Werte von Sparguthaben und anderen finanziellen Anlagen mindert. Was heute noch genug ist, um etwa einen neuen Fernseher zu kaufen, reicht morgen vielleicht nur noch für ein Abendessen im Restaurant. Über die Jahre hinweg kann die Inflation erhebliche Teile des Vermögens aufzehren. Gefahr Nr. 12 – Hochinflation geht weit tiefer in die Materie.

Indirekte Enteignung durch Steuern

Steuern sind ein weiteres Mittel, durch das der Staat auf das Vermögen der Bürger zugreift. Ein prominentes Beispiel ist der Solidaritätszuschlag („Soli"), der ursprünglich zur Finanzierung der deutschen Wiedervereinigung eingeführt wurde. Obwohl die Wiedervereinigung längst abgeschlossen ist, wird der Solidaritätszuschlag weiterhin für einige Bürger erhoben. Für diese Menschen ist dies eine indirekte Form der Enteignung, da ein Teil ihres Einkommens regelmäßig an den Staat abgeführt wird.

Die Besteuerung von Vermögen und Einkommen ist ein legitimes Mittel des Staates, um öffentliche Aufgaben zu finanzieren. Doch es gibt immer wieder Diskussionen darüber, in welchem Umfang diese Besteuerung gerecht ist und ob sie nicht in bestimmten Fällen zu einer übermäßigen Belastung der Bürger führt. Besonders umstritten sind Vermögenssteuern, da sie direkt auf das angesparte Vermögen zugreifen und nicht nur auf das laufende Einkommen.

Ein weiteres Beispiel für indirekte Enteignung durch Steuern ist die Erbschaftssteuer. Wenn Vermögen von einer Generation auf die nächste übertragen wird, greift der Staat durch die Erbschaftssteuer einen erheblichen Teil dieses Vermögens ab. Dies kann besonders dann problematisch sein, wenn Immobilien oder Unternehmen vererbt werden, die nicht ohne Weiteres liquidiert werden können, um die Steuer zu bezahlen. Hier entsteht oft eine erhebliche finanzielle Belastung für die Erben.

Fazit

Die Gefahr der Enteignung, ob durch direkte Maßnahmen des Staates, schleichende Inflation oder erdrückende Steuerlasten, ist real und allgegenwärtig. Was heute als gesetzlich abgesicherte Maßnahme verkauft wird, kann morgen schon Ihr hart erarbeitetes Vermögen schmälern oder gar vernichten. Seien Sie sich dessen stets bewusst und agieren Sie entsprechend.

Das Lastenausgleichsgesetz von 1952, das wieder aktiviert werden könnte, ist ein warnendes Beispiel. Die Verfassungsmäßigkeit einer Vermögensabgabe zur Bekämpfung der wirtschaftlichen Folgen der Corona-Pandemie wurde zuletzt 2020 überprüft, und Politiker rufen immer lauter nach einem „gerechten Lastenausgleich".

Denken Sie immer daran: Ihr Vermögen ist ständig potenziellen Gefahren ausgesetzt. Der Staat hat zahlreiche Möglichkeiten, auf Ihr Eigentum zuzugreifen, sei es direkt oder indirekt. Nur wer die möglichen Bedrohungen kennt und frühzeitig geeignete Maßnahmen ergreift, kann sein Vermögen langfristig sichern und schützen. Bleiben Sie wachsam, informiert und handeln Sie proaktiv, um den Herausforderungen der modernen Welt erfolgreich zu begegnen.

In diesem Sinne, sorgen Sie vor und schützen Sie, was Ihnen gehört.

DIE EVERLIFE-FORMEL
Die neuesten, bahnbrechenden Erkenntnisse der Altersforschung und Lebensverlängerung, um – wissenschaftlich belegt – weit länger, gesünder und vitaler zu leben.
Melden Sie sich jetzt hier gratis an:

Gefahr Nr. 17 –
In Deutschland bleiben zu müssen

Deutschland steht vor einer besorgniserregenden Entwicklung: Jahr für Jahr packen etwa 210.000 junge, gut ausgebildete Deutsche ihre Koffer und wandern aus.[94] Die meisten von ihnen sind zwischen 20 und 40 Jahre alt, also in dem Alter, in dem das Land ihr Wissen und ihre Fähigkeiten dringend gebrauchen könnte. Doch anstatt ihre Talente in die deutsche Wirtschaft zu investieren, wählen sie ein Leben im Ausland. Was treibt sie dazu?

Die stille Flucht der Leistungsträger

Es sind nicht nur die besseren Gehälter oder die niedrigeren Steuern. Nein, die wahren Gründe liegen tiefer: ein wachsendes Misstrauen gegenüber den politischen und gesellschaftlichen Entwicklungen, die ihnen hierzulande zunehmend die Luft zum Atmen nehmen. Wir sprechen hier von politischen Extremen – jedoch nicht wie von Regierung und den Medien propagierte „rechte Gefahr" – sondern einem Staat, der seine Bürger auf Schritt und Tritt überwacht, und einer Repression, die selbst die härtesten Maßnahmen als „zu ihrem Besten" verkauft. Eine eher an Kommunismus erinnernde Zeit.

handelsblatt.com

1. Politische Extreme: Wenn die Mitte implodiert

Einst ein Bollwerk der Vernunft, mutiert die deutsche Politiklandschaft zu einem Kampfplatz für extreme Ideologien. Die klassische Mitte, die einst das Land stabilisierte, hat sich in Luft aufgelöst. An ihre Stelle treten immer radikalere Stimmen – ob von links oder rechts, spielt dabei keine Rolle. Was bleibt, ist ein zunehmend vergiftetes politisches Klima.

Hintergrund und Entwicklung: Egal, ob es die radikale Linke ist, die alles Eigentum vergesellschaften will, oder die extreme Rechte, die am liebsten alles Fremde ausmerzen möchte – beide Enden des

[94] https://www.handelsblatt.com/karriere/fachkraeftemangel-210000-junge-deutsche-verlassen-jaehrlich-das-land-02/100055145.html

politischen Spektrums gewinnen an Boden. Und während sie das tun, erodiert das Vertrauen der Bürger in die Demokratie. Das Paradebeispiel? Die Politik von Innenministerin Nancy Faeser, die entschlossen gegen Rechtsextremismus vorgeht, dabei aber die Grenze zwischen Notwendigkeit und Machtausweitung verschwimmen lässt. Das Resultat? Ein Klima, in dem jeder, der nicht auf Linie ist, als Feind betrachtet wird.

Die politischen Auswirkungen der aktuellen Entwicklungen führen bei vielen Deutschen zu einer zunehmenden Entfremdung von ihrem eigenen Land. Sie fühlen sich weder im linken noch im rechten politischen Lager zu Hause und erleben die immer stärkere Polarisierung als eine Bedrohung für ihre persönliche und gesellschaftliche Zukunft. Gleichzeitig wird der Verlust der Meinungsfreiheit immer deutlicher spürbar. Der Kampf gegen Extremismus, so empfinden es einige, wird von der Regierung als Vorwand genutzt, um unliebsame Ansichten zu unterdrücken. Die freie Meinungsäußerung, einst ein Grundpfeiler der Demokratie, scheint mehr und mehr zu einem Luxusgut zu werden.

Diese Dynamik verstärkt die soziale Spaltung der Gesellschaft. Die Toleranz gegenüber abweichenden Meinungen schwindet, und die Gräben zwischen unterschiedlichen Gruppen vertiefen sich. Für viele bleibt am Ende nur eine Konsequenz: der endgültige Absprung aus einer Gesellschaft, in der sie keinen Platz mehr für sich sehen.

2. Technokratische Diktatur: Der Staat sieht alles

Deutschland, das einst für Datenschutz und Bürgerrechte stand, gleitet immer mehr in Richtung einer Überwachungsdiktatur. Unter dem Deckmantel der Demokratie werden neue Gesetze erlassen, die den Staat mit weitreichenden Kontrollmöglichkeiten ausstatten und dabei hart und blutig erkämpfte Grundgesetze aushebeln.

Hintergrund und Entwicklung: Gesetze wie das Demokratiefördergesetz haben in den letzten Jahren die Überwachungsbefugnisse des Staates erheblich erweitert. Die Namen dieser Gesetze erinnern stark an Orwells „Doppelsprache", bei der Sprache gezielt so manipuliert wird, dass sie Widersprüche verschleiert, unangenehme Wahrheiten beschönigt und die Kontrolle über das Denken der Menschen erleichtert. *„Demokratie ist doch gut, die Förderung von Demokratie noch besser. Gesetze sind auch notwendig. Jeder, der dagegen ist, will auch Kätzchen töten!"*

Was auf den ersten Blick wie ein Schutz der Demokratie erscheint, entpuppt sich bei genauerem Hinsehen als trojanisches Pferd. Der Staat nutzt diese Regelungen, um immer tiefer in das Leben seiner Bürger einzudringen – eine Entwicklung, die an das chinesische Modell des Social Scoring erinnert. Die individuelle Freiheit, einst ein Markenzeichen westlicher Gesellschaften, scheint dabei zu einem Relikt vergangener Zeiten zu werden. Wir sind die Guten, weil wir damals wählen durften.

Die Folgen dieser Entwicklung sind tiefgreifend. Der Verlust der Privatsphäre ist allgegenwärtig. Wenn jeder Schritt überwacht und jede Entscheidung registriert wird, suchen immer mehr Menschen nach Ländern, in denen Privatsphäre mehr als nur ein leeres Versprechen ist. Gleichzeitig wächst das Misstrauen gegenüber staatlichen Institutionen. Dieses Misstrauen treibt viele ins Ausland, weg von einem System, in dem man sich ständig beobachtet fühlt. Hinzu kommt ein schleichender Prozess der Selbstzensur. Die Angst vor Überwachung schafft ein Klima, in dem Menschen nicht mehr frei äußern, was sie denken. Eine solche Zukunft, in der Gedankenfreiheit nur noch auf dem Papier existiert, erscheint für viele als unerträglich.

3. Zwangsmaßnahmen und Repression: Wenn der Staat die Zügel anzieht

Die COVID-19-Pandemie hat gezeigt, wie schnell ein Staat bereit ist, harte Zwangsmaßnahmen durchzusetzen. Lockdowns, Maskenpflicht und Zwangsimpfungen – Maßnahmen, die einst undenkbar waren, wurden über Nacht zur Realität.

Hintergrund und Entwicklung: Die Pandemie hat nicht nur die öffentliche Gesundheit auf eine harte Probe gestellt, sondern auch das Vertrauen in die Regierung nachhaltig erschüttert. Wer hätte ahnen können, dass Macht so korrumpieren kann? Irgendwie weiß ich nicht mehr, wie ich meinen Sarkasmus zügeln kann. Das passiert, wenn man inkompetente Leute an die Macht lässt. Zurück bleibt die Angst, dass ähnliche Maßnahmen jederzeit wieder eingeführt werden könnten – diesmal vielleicht nicht wegen eines Virus, sondern aufgrund einer schwammig definierten „Krise", die von oben vorgegeben wird. Das einzige, wovor die Regierenden Angst haben, ist, dass der Pöbel auf die Straße geht und mit Steinen zu werfen beginnt. Vielleicht sollte man das nächste Mal damit anfangen? Man wird ja wohl noch träumen dürfen …

Die Auswirkungen dieser Entwicklung sind tiefgreifend und vielfältig. Drastische Maßnahmen, die ohne ausreichende Transparenz durchgesetzt wurden, haben bei vielen Bürgern ein Gefühl der Bevormundung hinterlassen. „Wir, die Regierung, wissen, was das Beste für euch ist. Bleibt nur zu Hause, wir machen das schon." Das ist die gesprungene Schallplatte unserer Regierung. Und die meisten blöken brav hinterher. Aber vergessen Sie niemals die Warnung von US-Präsident Benjamin Franklin: ***„Wer die Freiheit aufgibt, um Sicherheit zu gewinnen, wird am Ende beides verlieren."***

Das Vertrauen in staatliche Entscheidungen ist erheblich beschädigt, und immer mehr Menschen sehnen sich nach einem Leben in Ländern, die ihre individuelle Freiheit stärker respektieren. Gleichzeitig wächst die Furcht vor zukünftigen Eingriffen des Staates. Die Vorstellung, dass bei der nächsten Gelegenheit erneut tief in das Leben der Bürger eingegriffen werden könnte, treibt viele dazu, ihre Heimat hinter sich zu lassen.

Die Einschränkung der persönlichen Freiheit hat Spuren hinterlassen. Zwangsmaßnahmen wie Lockdowns und Impfpflicht haben für viele das Fass zum Überlaufen gebracht. Das Gefühl, dass der Staat die individuellen Rechte nicht ausreichend schützt, führt dazu, dass Menschen gezielt nach Orten suchen, an denen Freiheit und Selbstbestimmung noch als Grundpfeiler der Gesellschaft gelten.

4. Enteignung und Steuerlast: Wenn der Staat nach Ihrem Vermögen greift

Wer in Deutschland mit der politischen Situation bereits unzufrieden ist, der wird nicht erfreut sein, dass der Staat zunehmend auch nach dem Vermögen seiner Bürger greift. Die Steuerlast in Deutschland gehört zu den höchsten weltweit – das ist kein Geheimnis. Doch was viele nicht wissen: Es gibt immer mehr Anzeichen dafür, dass der Staat still und leise Schritte unternimmt, um den Zugriff auf privates Vermögen weiter auszubauen.

Die steigende Belastung durch Inflation, Steuern und Abgaben sowie die Diskussionen über einen möglichen Lastenausgleich und ein Vermögensregister wurden bereits ausführlich beleuchtet. Deutschland zählt zu den Ländern mit der höchsten Abgabenlast, während Inflation und staatliche Maßnahmen die Kaufkraft weiter schwächen. Ein neuer Lastenausgleich könnte Vermögenswerte stark belasten und das Vermögensregister deutet auf eine mögliche direkte Enteignung hin. Alles Gründe, die politisch gegen Deutschland sprechen.

Heute wissen wir, dass die Ampelpolitik für die Wirtschaft verheerend war, vor allem wegen der wirtschaftlichen Schwäche, hoher Steuer- und Abgabenlasten sowie einer ineffizienten Bürokratie, die den Mittelstand belastet und Deutschlands Wettbewerbsfähigkeit schwächt. Die Energiepolitik, insbesondere der Atomausstieg und die hohen Energiepreise, sorgt für eine unnötige Belastung für Haushalte und Unternehmen. Zudem sorgt die Klimapolitik, wie das umstrittene Heizungsgesetz, für gesellschaftliche Polarisierung und Vertrauensverlust. Hohe Staatsausgaben und eine steigende Verschuldung erhöhen die Sorgen um finanzielle Nachhaltigkeit. Außenpolitisch wurden Fehler über Fehler gemacht, ein Anbiedern an die USA hat uns nicht nur teure Energie gebracht, sondern vermutlich auch den Markt im Osten verschlossen. Innenpolitische Entscheidungen der Ampel waren realitätsfern und wurden als bevormundend empfunden.

Insgesamt zeigt sich, dass der deutsche Staat zunehmend nach den Vermögen seiner Bürger greift – ob durch schleichende Inflation, direkte Steuererhöhungen oder die drohende Einführung eines neuen Lastenausgleichs. Wer bereits mit der politischen Situation unzufrieden ist, sieht sich nun auch noch der Gefahr ausgesetzt, sein hart erarbeitetes Vermögen zu verlieren. Kein Wunder also, dass immer mehr Menschen sich nach Alternativen im Ausland umsehen.

Die Folgen?

Die Auswirkungen sind bereits spürbar. Zahlreiche deutsche Unternehmen verlagern ihre Produktion ins Ausland, weil die wirtschaftlichen Rahmenbedingungen in Deutschland zunehmend unattraktiv werden. Allein in den letzten Jahren haben etwa 16 % der mittelständischen Unternehmen begonnen, Teile ihrer Produktion ins Ausland zu verlagern, und weitere 30 % denken ernsthaft darüber nach.

Diese Entwicklung hat gravierende Folgen für den Arbeitsmarkt. Es gibt weniger gut bezahlte Jobs, und die Abwanderung von Fachkräften schwächt die Innovationskraft des Landes. Die Deindustrialisierung, die Deutschland droht, könnte zu einem massiven Verlust an Wohlstand führen. Wenn immer mehr Unternehmen und Fachkräfte das Land verlassen, wird Deutschland zunehmend von Importen abhängig und verliert seine Stellung als führende Industrienation.

Überdies verstärkt diese Entwicklung den demografischen Wandel, der das Sozialsystem ohnehin schon an die Grenzen seiner Belastbarkeit bringt. Die schrumpfende Erwerbsbevölkerung muss eine immer größere Zahl von Rentnern unterstützen, während gleichzeitig die Einnahmen aus Steuern und Sozialbeiträgen sinken. Diese Spirale führt zwangsläufig zu höheren Steuern, gekürzten Sozialleistungen und einem Gesundheitssystem, das nicht mehr in der Lage ist, den Bedarf zu decken. Das Thema „verfehlte Migrationspolitik" will ich hier gar nicht erwähnen, ist man ja gleich Nazi, wenn man diese kritisiert.

Die soziale und wirtschaftliche Stabilität Deutschlands steht auf dem Spiel. Wenn diese Abwärtsspirale nicht gestoppt wird, droht Deutschland seine Rolle als wohlhabende und stabile Nation zu verlieren. Es besteht die Gefahr, dass das Land zu einem Standort wird, den immer mehr Menschen verlassen, anstatt ihn als Heimat zu wählen. Ein Deutschland ohne seine besten Köpfe wird an Bedeutung und Einfluss verlieren und könnte zu einem Schatten seiner selbst werden.

Fazit

Deutschland befindet sich in einer gefährlichen Abwärtsspirale. Die Abwanderung von jungen, gut ausgebildeten Fachkräften ist keine bloße Randnotiz, sondern ein alarmierendes Zeichen dafür, dass immer mehr Menschen das Vertrauen in die Zukunft ihres Heimatlandes verlieren. Die Gründe sind vielfältig: Eine politische Landschaft, die von extremen Positionen dominiert wird, ein Staat, der seine Bürger immer intensiver überwacht, und repressive Maßnahmen, die selbst vor den grundlegenden Freiheitsrechten nicht Halt machen. Diese Entwicklungen machen Deutschland für viele zunehmend unattraktiv – und treiben sie in Länder, die noch echte Perspektiven bieten.

Das alles geschieht in einer Zeit, in der Deutschland ohnehin schon mit den Auswirkungen des demografischen Wandels kämpft. Die Gesellschaft wird immer älter, während die Geburtenrate niedrig bleibt. Schon heute sehen wir die Konsequenzen: Ein schrumpfendes Erwerbspersonenpotenzial, steigende Rentenlasten und ein Gesundheitssystem, das vor großen Herausforderungen steht. Wenn nun auch noch die jungen Leistungsträger das Land verlassen, verschärft sich diese Situation dramatisch.

Gefahr Nr. 18 –
Krieg: Die größte Bedrohung für Ihr Vermögen

Ich bin froh, dass ich dieses Kapitel in letzter Minute umschreiben musste. Donald Trump hat die US-Präsidentschaft angetreten. Man kann über ihn sagen, was man will, aber eines halte ich ihm zugute: er hat während seiner ersten Amtszeit keinen neuen Krieg begonnen, bzw. war in den amerikanischen „Militärischen Interventionen" sehr zurückhaltend (Russland führt auch keinen Krieg gegen die Ukraine, es ist eine „militärische Spezialoperation"). Das kann man von seinem ersten Vorgänger (Barack Obama) nicht unbedingt behaupten, der militärische Interventionen in Libyen und Syrien durchführte, verstärkte Drohneneinsätze in Afghanistan, Pakistan, Jemen und Somalia für gezielte Tötungen einsetze und Truppen zur Bekämpfung des IS im Irak entsandte, während er den Krieg in Afghanistan fortsetzte.

Und Barack Obama ist indirekt auch für den Ukraine-Krieg von heute verantwortlich, der 2014 mit der von der CIA unterstützten Maidan-Revolution begonnen hatte. Alles Verschwörungstheorie, natürlich, aber es wäre ja keine verdeckte Operation, wenn man alles öffentlich nachlesen könnte. Bleiben nur die Indizien. Aber zurück zu Trump.

Hätte Kamala Harris gewonnen, so hätte ich die Chancen auf eine Ausweitung des Krieges der Ukraine auf Europa auf 20–30 % eingeschätzt. Mit Trump sind es weniger als 5 %. Darum schreibe ich dieses Kapitel gerne um, denn Fakt ist: Überall auf der Welt brennt und brodelt es. Am Rande Europas donnert (während ich dieses Buch ergänze) schweres Artilleriefeuer, Raketen schlagen gegen Frachtschiffe in wichtigen Seehandelsrouten ein, Israel bombardiert völkerrechtswidrig Palästina und die Nachbarn, Flottenmanöver und Muskelspiele weltweit. In manchen „Ländern des Bösen" laufen die Kriegsvorbereitungen auf Hochtouren, während im Nahen Osten eine explosive Eskalation droht. Was, wenn all diese Konflikte zu einem globalen Krieg verschmelzen?

Die Anzeichen sind unmissverständlich: Wir bewegen uns auf eine gefährliche Zeit zu, in der das Undenkbare Realität werden könnte. Wir stehen so knapp wie nie zuvor vor der Situation, dass sich die Welt in einen katastrophalen Krieg stürzt. Selbst Donald Trump hat dies in seiner Amtseinführungsrede zugegeben, dass die Welt so nahe wie niemals zuvor vor einem Dritten Weltkrieg stehe.[95] Sollte ein Land in einem regionalen Konflikt siegreich hervorgehen, könnte dies andere Mächte dazu ermutigen, ähnliche aggressive Schritte in weiteren geopolitisch sensiblen Gebieten zu unternehmen.

Dieses Szenario ist keine bloße Spekulation, sondern eine reale Möglichkeit. Die Entwicklungen könnten wie Dominosteine fallen, wobei ein einziger falscher Zug das gesamte Gefüge zum Einsturz bringen könnte. Angesichts dieser potenziellen Krisenlage wird es von entscheidender Bedeutung sein, rechtzeitig vorbereitet zu sein.

Man muss fairerweise sagen, dass man noch vor wenigen Jahren einen möglichen Krieg in der EU als vollkommen unrealistisch angesehen hat. Die Situation hat sich geändert. Deutschland und viele andere europäische Länder sind auf ein solches Szenario militärisch nicht vorbereitet. Die Möglichkeit eines großflächigen Krieges ist gegeben; wenn auch unwahrscheinlich. Das Problem bei dem Ganzen ist, dass sich die Situation über Nacht ändern kann. Die Konsequenzen könnten verheerend sein und Existenzen zerstören.

Der Ukraine-Krieg: Wenn Vermögen über Nacht wertlos wird

Der Ukraine-Krieg ist ein erschreckendes Beispiel dafür, wie schnell sich die Lage dramatisch verändern kann. In kürzester Zeit wurden Millionen Menschen gezwungen, ihre Heimat zu verlassen, oft mit nichts weiter als dem, was sie tragen konnten. Banken wurden geschlossen, Konten eingefroren, und viele verloren über Nacht ihre gesamte Lebensgrundlage. Immobilien, die jahrelang als sichere Investitionen galten, wurden innerhalb weniger Stunden

[95] Das Problem mit Herrn Trump ist, dass er auch sonst viel gesagt hat, von dem ich nicht weiß, ob er das ernst gemeint hat oder nur, um seine Verhandlungsposition zu stärken; Stichwort Eroberung von Kanada oder des Panama-Kanals und Kauf von Grönland.

wertlos, als Städte wie Mariupol und Cherson unter schwerem Beschuss standen.

Die erschreckenden Fakten:

- **6 Millionen Flüchtlinge in der EU:** Über Nacht wurden Millionen Menschen zu Flüchtlingen in ihrem eigenen Land oder im Ausland, ohne jegliche Sicherheit für ihre Zukunft.
- **Banken kollabierten:** Hunderte Banken stellten den Betrieb ein, Ersparnisse wurden eingefroren und der Zugang zu Bargeld war blockiert.
- **Immobilienwerte vernichtet:** Städte, die einst blühten, wurden in Schutt und Asche gelegt – Immobilien, einst sichere Anlagen, sind heute wertlos.
- **Geschlossene Märkte:** Börsen und Finanzmärkte in der Ukraine brachen zusammen, der Handel wurde eingestellt, und Investoren verloren Milliarden.
- **Kollaps der lokalen Wirtschaft:** Ganze Branchen wurden zerstört, Arbeitsplätze gingen verloren, und das Bruttoinlandsprodukt der Ukraine sank drastisch.

Diese Ereignisse verdeutlichen, wie schnell und unerwartet Vermögen zerstört werden kann – selbst das vermeintlich sicherste.

Die Ukraine, einst ein Land mit einer aufstrebenden Wirtschaft und einem wachsenden Immobilienmarkt, wurde durch den Krieg in eine Region verwandelt, in der das tägliche Überleben zur obersten Priorität wurde. Vor dem Krieg hatten viele Menschen in Immobilien und lokale Unternehmen investiert, in der Hoffnung, langfristige Stabilität und Wachstum zu erzielen. Doch diese Investitionen wurden über Nacht zunichtegemacht. Dies verdeutlicht, dass Vermögen, das in einer Region angelegt ist, die plötzlich zum Kriegsgebiet wird, nicht nur an Wert verlieren, sondern komplett vernichtet werden kann.

Ein weiterer Aspekt, den der Ukraine-Krieg deutlich macht, ist die Abhängigkeit von Banken und Finanzinstitutionen. Viele Menschen hatten ihre Ersparnisse auf lokalen Bankkonten, die im Zuge des Konflikts eingefroren oder durch den Zusammenbruch des Bankensystems unzugänglich wurden. Diese Erfahrung unterstreicht die Bedeutung von Vermögenswerten, die unabhängig von zentralen Finanzsystemen existieren und die in Krisenzeiten einfach und sicher transportiert werden können.

Wie realistisch ist ein Szenario, in dem Russland gewinnt und seinen Feldzug Richtung Europa fortsetzt? Ursula von der Leyen, die neue (nicht wirklich gewählte) Präsidentin Europas (bzw. der Europäischen Kommission) heizt die Stimmung gegen Russland genauso an wie diverse Politiker und Generäle. Wissen die etwas, was wir nicht wissen? Wohl nicht. Es scheint mehr darum zu gehen, die deutsche Rüstungsindustrie anzuheizen. Und spätestens seit Corona weiß man, dass Menschen, die Angst haben, gefügiger sind.[96]

Wenn man die Situation nüchtern betrachtet, stellt sich zunächst die Frage: Warum sollte Russland Europa oder gar Deutschland angreifen wollen? Mehr Ressourcen? Das ist unwahrscheinlich, denn Russland gehört zu den ressourcenreichsten Ländern der Welt. Mehr Land? Ebenfalls kaum plausibel, da Russland bereits das flächenmäßig größte Land der Erde ist. Mehr Macht? Präsident Putin scheint bereits der unangefochten mächtigste Mann in Russland zu sein – die Vorstellung, dass er weitere Eroberungen benötigt, wirkt realitätsfern. Größenwahn? Putin hinterlässt als Staatsoberhaupt einen ruhigeren, besonneneren und strategisch kalkulierteren Eindruck als viele seiner westlichen Amtskollegen. Doch es gibt tatsächlich einen Grund, den auch Putin selbst mehrfach genannt hat, unter dem Russland den Westen angreifen würde: Sollte der Westen zuerst zuschlagen.

So betrachtet scheint die größere Gefahr für Europa … deren politische Führung zu sein, die es – aus welchen Gründen auch immer – auf eine Eskalation anzulegen scheint.

Interessant auch, dass es beim Ukraine-Konflikt einen ganz klaren Sieger gibt: Die USA. Egal wie es endet, Russland ist geschwächt, die Ukraine vermutlich in der jetzigen Zusammensetzung nicht mehr

[96] Eigentlich weiß man das schon seit dem berühmten Pawlowschen Hund. Pawlow erkannte bei seinen Experimenten, dass Hunde unter Todesangst praktisch alles tun, was man ihnen aufträgt. Meiner Meinung nach muss man eigentlich kein großer Psychiater sein, um das herauszufinden.

vorhanden, Europa am Rande des Zerfalls und abgeschnitten von dringend benötigten russischen Ressourcen. Einzig die USA und ihre Rüstungsindustrie haben auf voller Länge gewonnen.

Der Nahe Osten: Ein Pulverfass mit globalen Auswirkungen

Der Nahe Osten, die Region, die nie zur Ruhe kommt, ist bereit, die nächste globale Krise zu entfachen. Die Spannungen steigen unaufhaltsam, und wir werden die Folgen schmerzlich spüren. Es ist nicht mehr die Frage, ob es knallt, sondern wann.

Erinnerungen an die Ölkrisen der 1970er und 1980er Jahre werden wach, als die Golfstaaten den Westen mit Rohstoffknappheit erpressten. Heute stellt sich nicht die Frage, ob solche Taktiken wieder aufleben – sondern wann. Eine Eskalation in dieser Gegend wird die Weltwirtschaft ins Chaos stürzen und die ohnehin fragile Stabilität endgültig aus den Angeln heben. Experten warnen bereits vor einer globalen Eskalation, die das Gespenst eines Dritten Weltkriegs heraufbeschwört.

Werfen wir einen Blick auf die alarmierenden Entwicklungen:

- **Iran und Israel:** Die Spannungen zwischen diesen beiden Mächten sind zu einem offenen Krieg eskaliert und könnte ndie gesamte Region destabilisieren.
- **Israel und Palästina:** Die anhaltenden Konflikte eskalieren weiter, was das Risiko eines umfassenderen Krieges in der Region erhöht.
- **Öl und Gas:** Die Abhängigkeit der Welt von den Energieressourcen des Nahen Ostens macht jeden Konflikt dort zu einer globalen Bedrohung.
- **Militärische Allianzen:** Neue strategische Bündnisse könnten die Machtbalance im Nahen Osten nachhaltig verändern.
- **Flüchtlingskrise:** Eine weitere Eskalation könnte eine neue Migrationswelle nach Europa auslösen, mit tiefgreifenden sozialen und wirtschaftlichen Folgen.
- **Atomkrieg:** Israel hat als einzige regionale Macht (inoffiziell) 200–300 Atomraketen. Die (inoffizielle) „Samson-Option" bedeutet, dass Israel, sollte seine Existenz auf dem Spiel stehen, bereit sein könnte, Atomwaffen als letztes

> Mittel einzusetzen, um seine Feinde abzuschrecken oder zu zerstören, selbst wenn dies katastrophale Folgen auch für Israel hätte.[97]

Die Wahrheit ist, niemand ist sicher. Wenn es eskaliert, kollabieren die traditionellen Finanzmärkte, und Immobilien in Krisenregionen werden über Nacht wertlos. Es ist daher entscheidend, in Vermögenswerte zu investieren, die auch im Angesicht globaler Katastrophen stabil bleiben.

Was eignet sich als Fluchtwährung für den Notfall?

Wenn die Welt ins Chaos stürzt, Grenzen unpassierbar werden und Währungen ihren Wert verlieren, bleibt die Frage: Welche Vermögenswerte bieten in solchen Extremsituationen Schutz?

Gold hat sich über Jahrhunderte als sicherer Hafen bewährt, doch es hat in diesem Zusammenhang erhebliche Nachteile. Eine Million Euro in Gold wiegen viel – zu viel, um es unbemerkt zu transportieren. Man kommt auch durch keinen Flughafenscanner. Zudem ist Gold in der Geschichte oft Ziel von Beschlagnahmungen und Verboten gewesen.

Immobilien sind, wie der Name schon sagt, „immobil", also unbeweglich. Es gibt jedoch einen Sachwert, der eine historische Erfolgsbilanz als Krisen- und Fluchtwährung vorweisen kann: Edelsteine. In Kriegszeiten und politischen Krisen haben Edelsteine oft als Fluchtwährung gedient, da sie einen hohen Wert auf kleinem Raum konzentrieren und leicht transportierbar sind. Eine Million Euro in hochwertigen Edelsteinen wiegt gerade einmal 15 Gramm – etwa das Gewicht von drei bis vier Glasmurmeln.

Der historische Track-Record von Edelsteinen als Fluchtwährung

Adelsfamilien und wohlhabende Personen nutzten diese Eigenschaft, um große Vermögen außer Landes zu schaffen. Ein bekanntes Beispiel ist die russische Zarenfamilie, die während der

[97] Dieser Begriff bezieht sich auf die biblische Geschichte von Samson, der im Angesicht seiner Niederlage bereit war, das Gebäude, in dem er sich befand, zu zerstören, auch wenn es ihm selbst das Leben kostete.

Revolution wertvolle Juwelen in Europa deponierte.

Auch während des Zweiten Weltkriegs wurden Edelsteine von jüdischen Familien als Mittel genutzt, um Vermögen vor den Nazis zu retten, indem sie diese in neutralen Ländern wie der Schweiz in Sicherheit brachten. Auch in jüngeren Konflikten, wie den Balkankriegen in den 1990er Jahren, erwiesen sich Edelsteine als verlässlicher Wertspeicher, der den Besitzern half, in einem sicheren Land neu anzufangen.

Diese kleinen Schätze lassen sich problemlos in einer Hosentasche verstecken und unbemerkt durch Sicherheitskontrollen transportieren, da sie keine metallischen Eigenschaften haben und von Scannern nicht erkannt werden. Die Beständigkeit und Universalität des Wertes von Edelsteinen macht sie zu einem bevorzugten Mittel der Vermögenssicherung in unsicheren Zeiten.

Fazit

Die Welt steht an einem gefährlichen Wendepunkt: Überall flammen Konflikte auf oder eskalieren weiter. Diese Entwicklungen bedrohen nicht nur die politische Stabilität, sondern haben auch das Potenzial, Ihr persönliches Vermögen erheblich zu gefährden. Die derzeitige Lage ist beispiellos und birgt das Risiko tiefgreifender globaler Veränderungen. In Zeiten wie diesen ist es klüger denn je, sich auf das Unerwartete vorzubereiten.

Gefahr Nr. 19 – Einschränkung der persönlichen Freiheit (Gastautor-Beitrag)

In diesem Buch habe ich mich intensiv mit den unterschiedlichsten Themen auseinandergesetzt und bin persönlich mit ihnen vertraut. Aber es gibt Dinge, bei denen ich mich lieber auf die langjährige Expertise anderer verlasse. Vor allem, wenn es ein wirklich heikles Thema ist. Deshalb freue ich mich besonders, in diesem Kapitel einen echten Profi zu Wort kommen zu lassen. Daniel Taborek beleuchtet hier das Thema eines zweiten Reisepasses sowie dessen praktische Anwendung. Ich empfehle jedem, der sich für das Thema interessiert und über die notwendigen finanziellen Mittel verfügt, sich persönlich an Herrn Taborek und sein Team zu wenden. Sie finden dafür einen speziellen Link am Ende des Kapitels. Lassen Sie sich von seinem fundierten Wissen inspirieren!

Ihr Markus Dan

Reisefreiheit bei Lockdown, Vermögensschutz und Vermeidung einer Wehrpflicht

Wenn Gefahren drohen, sollte man sich aus der Gefahrenzone bringen. Viele sind daher auf der Suche nach einem passenden Plan-B für mehr Reisefreiheit, Schutz Ihres Vermögens vor Steuern wie einem Lastenausgleich oder Vermeidung einer Wehrpflicht. Auswandern ist für viele ein letzter Ausweg – aber wohin und muss es sofort sein? Wie erreicht man den erhofften Schutz oder die gewünschte Freiheit am besten? Ist es ein zweiter Pass oder ein Golden Visa bzw. permanentes Aufenthaltsrecht in einem anderen Land? Oder sollte man zuerst nur sein Vermögen in Sicherheit bringen, indem man im Ausland Konten oder Gesellschaften eröffnet?

Es ist gar nicht so leicht, ein zur Familie, zum persönlichen Umfeld und Zielen passendes Konzept für einen Plan-B zu entwickeln. Die Vielzahl an Meinungen und Ratschlägen auf Internetseiten oder in YouTube-Videos schafft leider meist Nebel statt Klarheit.

Das Team von Perspektive Ausland hilft Mandanten seit mehr als 10 Jahren die gewünschte Klarheit für den eigenen Plan-B zu finden und diesen Plan auch Schritt für Schritt umzusetzen.

Gefahr der Wiedereinsetzung der Wehrpflicht

Vor einigen Tagen rief mich ein besorgter Vater an und bat um Rat und Hilfe, um so schnell wie möglich für seine beiden Söhne eine legale zweite Staatsbürgerschaft zu beantragen. Er war besorgt, dass seine Kinder bei einer Wiedereinsetzung der Wehrpflicht in einen Krieg ziehen müssten. Er hatte in einem meiner Beratungsvideos auf unserem YouTube-Kanal[98] gehört, dass man die deutsche Staatsbürgerschaft zurückgeben kann, vorausgesetzt man hat vorher eine oder mehrere weitere Staatsbürgerschaften erworben. Natürlich ist der Verzicht auf die deutsche Staatsbürgerschaft ein Plan-B für den äußersten Ernstfall, von dem man hofft, er trifft nicht ein. Und man ist gut beraten, alle anderen Möglichkeiten auszureizen, um einer Wehrpflicht zu entgehen. Leider häufen sich Anzeichen für neue freiheitsbeschränkende Ereignisse nicht nur im Hinblick auf eine Wiedereinsetzung einer Wehrpflicht.

youtube.com

Im Wehrpflichtgesetz (Stand 20.12.2023 Nr. 392) ist geregelt, dass bereits bei Ausrufen eines Spannungsfalls die Wehrpflicht automatisch wieder eingesetzt wird. Auch männliche Personen, die im Ausland leben, benötigen dann eine Erlaubnis des Karrierecenters der Bundeswehr, um weiterhin im Ausland zu leben und müssen sich erreichbar halten bzw. ggfs. in die BRD zurückkehren.[99] Auch Kriegsdienstverweigerer, die dann schnell noch einen entsprechenden Antrag stellen, können eingezogen werden, bis Ihr Antrag entschieden wird und Ausmusterungen können in den meisten Fällen wieder rückgängig gemacht werden.

gesetze-im-internet.de

Im Artikel 80a des Grundgesetzes ist geregelt, dass der Spannungsfall durch eine zwei-Drittel-Mehrheit des Bundestages ausgerufen werden kann. Für die Wiedereinsetzung der Wehrpflicht sind im Bundestag nur Stimmen über 50 % notwendig. Vor diesem Hin-

---

98 https://www.youtube.com/@PerspektiveAusland

99 § 48 Absatz 2 WPflG; https://www.gesetze-im-internet.de/wehrpflg/__48.html

tergrund, in Verbindung mit Anschwellen von Kriegs-Rhetorik in Medien und Politik, aber auch de facto Unterstützung der Ukraine durch europäische Staaten, nimmt die Wahrscheinlichkeit einer Wiedereinsetzung der Wehrpflicht täglich zu.

Ihr Plan-B

Seit Monaten drehen sich die meisten unserer Beratungsgespräche um die Gestaltung eines zur Familie und den persönlichen Zielen passenden Plan-B. Es geht darum, „vorbereitet" zu sein und zu wissen, wohin man sich selbst und in vielen Fällen auch Teile des Vermögens in Sicherheit bringen kann. Und es geht darum, jetzt schon ein passendes Refugium zu schaffen. Also eine Wohnung oder ein Haus in einem anderen Land, eine Aufenthaltserlaubnis sowie ein oder mehrere Bankkonten im Ausland.

Bisher haben wir unseren Mandanten bei der Identifizierung von passenden Firmensitzen oder Wohnsitzen in mehr als 55 Ländern geholfen, der Beantragung von Visa oder Gesellschaftsgründungen im Ausland. Meist ging es darum, die steuerliche Situation attraktiver zu gestalten und sofort oder kurzfristig auszuwandern.

Heute geht es den meisten darum, einen Plan-B in der Schublade zu haben. Also nicht heute auszuwandern – aber zu wissen, wohin man geht, wenn es ernst wird.

In diesem Kapitel werden wir uns mit der Frage beschäftigen, wie auch Sie einen solchen Plan-B entwickeln können.

Wir werden die wichtigsten Überlegungen und Schritte durchgehen, die notwendig sind, um einen Plan zu erstellen, der auf Ihre individuellen Bedürfnisse und Ziele zugeschnitten ist. Dabei werden wir die **fünf zentralen „W"-Fragen** behandeln: Warum, Wann, Wohin, Wer und Wie viel. Diese Fragen helfen Ihnen, Ihre eigene Situation zu analysieren und fundierte Entscheidungen zu treffen.

Ferner werden wir verschiedene Optionen für einen Plan-B vorstellen, darunter die Erlangung einer zweiten Staatsbürgerschaft, die Beantragung eines Golden Visa oder eines permanenten Aufenthaltstitels sowie die Diversifizierung des Vermögens durch Auslandsgesellschaften und Bankkonten. Jede dieser Optionen bietet unterschiedliche Vorteile und Herausforderungen, die es zu berücksichtigen gilt.

Ein gut durchdachter Plan-B ist keine kurzfristige Lösung, sondern eine strategische Entscheidung, die sorgfältige Planung und Vorbereitung erfordert. Es ist wichtig, sich die Zeit zu nehmen, alle Aspekte gründlich zu recherchieren und die richtigen Schritte zu unternehmen, um den Plan erfolgreich umzusetzen. Am Ende dieses Kapitels werden Sie nicht nur die theoretischen Grundlagen kennen, sondern auch praktische Anleitungen und Beispiele haben, die Ihnen helfen, Ihren eigenen Plan-B zu entwickeln und zu realisieren.

Beginnen wir also die Reise zu Ihrem persönlichen Plan-B – einer Reise, die Ihnen und Ihrer Familie Sicherheit, Freiheit und eine bessere Zukunft in einer unsicheren Welt bieten kann.

Die Plan-B – Optionen

Bevor wir zeigen, wie wir in Beratungsgesprächen helfen, den passenden Plan-B zu entwickeln, wollen wir uns kurz mit den Optionen beschäftigen, die wir überhaupt zur Auswahl haben. Der Werkzeugkasten ist nicht allzu groß, aber einige Optionen haben einen enormen Wirkungsgrad, wenn Sie sie richtig und zum richtigen Zeitpunkt einsetzen.

Bankkonten und Schließfächer im Ausland

Allein einen Teil Ihres liquiden Vermögens außerhalb von Deutschland und auch der EU zu verteilen ist ein erster Schritt, einen Plan-B umzusetzen. Auch wenn Sie dieses Vermögen in einer künftigen Vermögensaufstellung angeben müssen, ist dieser Betrag nicht direkt pfändbar. Bei einem Lastenausgleich oder einer Vermögensabgabe kann also dieser Teil des Guthabens nicht automatisiert eingezogen werden. Und bei einer Auswanderung können Sie auf dieses Vermögen im Ausland zugreifen. Im Fall der Einführung einer digitalen Zentralbankwährung könnten Auslandsguthaben unter Umständen gleichzeitig eine zusätzliche Flexibilität schaffen.

Auslandskonten werden auch im EU-Kontenregister nicht erfasst und Daten von US-Firmenkonten Ihrer LLC werden nicht nach Deutschland gemeldet. Es geht hier um Privatsphäre und Vermögensschutz, nicht um Verschleierung oder Verstecken von Vermögen.

Mögliche Optionen für Bankkonten im Ausland:

USA

Charles Schwab	Privatkonto (online oder vor Ort)
Mercury	Firmenkonto (in Verbindung mit LLC-Gründung, online)
Chase	Geschäftsbankkonto (Präsenz, von uns begleitet)

Georgien

Bank of Georgia	SOLO (Bank- und Brokeragekonto mit IBAN)
TBC	Fintech Konto

Einige internationale Bankkonten können Sie in wenigen Minuten selbst eröffnen (Wise, Revolut, Yuh, Swissquote). Das wäre vielleicht auch ein erster Schritt, den Sie heute schon in Angriff nehmen können. Wenn Sie bei großen traditionellen Banken Konten eröffnen wollen (USA, Singapur, Liechtenstein etc.) ist es vorteilhaft, Hilfe in Anspruch zu nehmen.

Auslandsgesellschaften gründen

Die Gründung einer oder mehrerer Auslandsgesellschaften wird von uns oft in ein Plan-B-Konzept eingebunden und kann viele Vorteile bieten. Wenn richtig gestaltet, kann Vermögen von der Person getrennt werden und automatischer Informationsaustausch vermieden werden. Solange man allerdings seinen Lebensmittelpunkt in Deutschland behält, sollte man sich mit möglichen Negativeffekten befassen.

Vermögensdiversifizierung

Man kann von klugen Investoren lernen, in Krisenzeiten Vermögen sowohl auf verschiedene Assetklassen, vor allem aber geografisch zu verteilen. Hierzu finden Sie in vorstehenden Kapiteln bereits zahlreiche Denkanstöße und Empfehlungen.

Golden Visa oder Permanent Visa

Einschränkungen der Reisefreiheit vor einigen Jahren sind vielen noch gut in Erinnerung. Einige Tricks, wie etwa als Geschäftsreisender in die Schweiz zu fahren – das könnte bei einer kommenden Einschränkung nicht mehr funktionieren. In einem Gespräch mit Brigadegeneral a.D. Erich Vad wurde deutlich, dass in einem Spannungsfall Grenzen mit Unterstützung der Bundeswehr geschlossen und kontrolliert werden könnten. Eine Grenzschließung und Reisebeschränkung würden dann viel schneller und strenger umgesetzt als in der Pandemiezeit.

Erinnern Sie sich noch? Wer sich während der Pandemiezeit in Urlaubsländer zurückziehen wollte, hatte schnell festgestellt, dass viele Länder keine Touristenvisa mehr erteilten oder Botschaften und Konsulate geschlossen waren.

Was kann also Ihre Plan-B-Lösung sein?

Wenn Sie in Ihrem Reisepass einen zweiten Wohnsitz idealerweise in Form eines permanenten Visums vorweisen können (einige Länder stellen auch ID-Cards ähnlich unserem Personalausweis aus), können Sie ein berechtigtes Interesse an einer Ausreise nachweisen und auch, dass Sie im Zielland eine Einreiseerlaubnis haben.

In der Pandemiezeit habe ich selbst mehrfach erlebt, dass man mir am Flughafen beim Check-in keine Bordkarte ausdrucken wollte, bis ich meine zwei Wohnsitze im Ausland vorweisen konnte.

Zweite Staatsbürgerschaften

Aktuell kann man legal in 10 Ländern gegen eine Spende oder Investition eingebürgert werden und erhält in wenigen Monaten den Pass und die Staatsbürgerschaftsurkunde. In zwei weiteren Ländern erwarten wir bald auch ein solches Programm. Gleichzeitig gibt es Länder, in denen man nach kurzer Wohnsitznahme und Aufenthalt vor Ort von etwas mehr als einem Jahr das Recht hat, die Staatsbürgerschaft zu beantragen. Zum Beispiel Argentinien und die Dominikanische Republik. In letzterem Fall ist keine Investition oder Spende nötig und es gibt Länder, in denen man nicht einmal einen Sprachtest oder Landeskundetest nachweisen muss (z.B. Argentinien).

In vielen Plan-B-Konzepten ist eine zweite Staatsbürgerschaft ein wichtiges Freiheitselement.

Was der zweite Pass bringt und was nicht

Bei Einschränkungen der Reisefreiheit ist der zweite Pass eine „Austrittskarte". Staatsbürger eines anderen Landes dürfen in der Regel nicht an der Ausreise gehindert werden. Außerdem hat man ein zeitlich unbegrenztes Einreiserecht und eine Arbeitserlaubnis in diesem zweiten Land.

Hier muss eine mögliche Wiedereinsetzung der Wehrpflicht in Überlegungen eingeschlossen werden. Denn wenn man gleichzeitig noch den deutschen Pass behält und wehrpflichtig ist, kann man dennoch an der Ausreise gehindert werden.

Es gibt jedoch zwei legale Lösungen für eine Umgehung der Wehrpflicht, ohne gleich den deutschen Pass abzugeben, die wir in Beratungsgesprächen erläutern.

Natürlich kann eine zweite Staatsbürgerschaft auch weitere Vorteile mit sich bringen. Karibik-Pässe, die man durch eine Investition oder Spende erhalten kann, bringen zudem den Vorteil einer Reise- und Niederlassungsfreiheit in allen Karibikstaaten des CARICOM-Bündnisses (ähnlich dem Schengen-Raum). Man kann also auch auf Inseln wie **Jamaika oder Tobago leben und arbeiten, obwohl man nur den Zweitpass von Antigua** hat.

Außerdem kann man hier **legal auch seinen Namen ändern** (deed poll Verfahren). Über Vorteile und Nachteile solcher Szenarien sollte man sich im Rahmen seines Plan-B Konzepts vorher gut informieren.

Zwei häufige Denkfehler, die ich in Beratungsgesprächen immer wieder erlebe, sind

- Der Vanuatu-Pass gefällt mir nicht, denn das ist mir zu weit weg und schwer erreichbar oder
- Ich muss einen Pass mit Visafreiheit für Schengen haben.

Ich kenne niemanden, der in dem Land, dessen zweite Staatsbürgerschaft er erwirbt, wirklich leben will. Der Pass ist in erster Linie ein Freiheitsdokument und ermöglicht die Ausreise sowie Geschäfte wie Konteneröffnungen, Firmengründungen, Mietverträge mit dieser Staatsangehörigkeit oder auch eine Namensänderung.

Auch Golden Visa kann man in diesen zweiten Pass eintragen lassen und mit dieser Nationalität in seinem Plan-B-Land wohnen (interessant bei Wehrpflicht).

Solange man den deutschen Pass behalten will, sichert dieser ja bereits eine Vielfalt an Ländern, in die man visafrei einreisen kann. Daher muss der zweite Pass auch kein starker Pass sein. Mandanten, die auf ihre deutsche Staatsbürgerschaft verzichten wollen, können mit ihrem Zweitpass (der dann ja der Hauptpass wird) ein Golden Visa für den Schengen-Raum erhalten und sich unbegrenzt im Schengen-Raum weiterhin aufhalten. Auch wenn der Verzicht auf die deutsche Staatsbürgerschaft von uns nicht angeraten wird, gibt es immer wieder Mandanten, die sich hierzu von uns beraten lassen wollen. Eine Liste aller weltweiten Programme für Zweitpässe / Staatsbürgerschaften per Spende oder Investment finden Sie auf der Website https://www.planbProjekt.com.

planbProjekt.com

Die 5 „W"-Fragen zur Plan-B-Entscheidungsmatrix

Um herauszufinden, welche Maßnahmen und Länder als Notfall-Refugium ideal zu persönlichen Umständen, Zielen und zur Familie passen, haben sich die 5W-Fragen bewährt. Ich bitte Interessenten zur Vorbereitung auf ein Beratungsgespräch, sich mit diesen Fragen zu beschäftigen oder wir gehen diese gemeinsam durch. Die Beantwortung dieser Fragen hilft in vielen Fällen am Ende eine Shortlist mit 1 bis 3 Maßnahmen und Ländern zu haben, mit denen man seinen Plan-B gestalten kann.

Entscheidungsmatrix

Quelle: Perspektive Ausland

1. Warum wollen Sie einen Plan-B haben?
   a. Wehrpflicht vermeiden
   b. Reisefreiheit
   c. Vermögen im Ausland schützen
   d. Steuern sparen
   e. Ein Refugium schaffen
   f. Passives Einkommen generieren und davon leben

2. Wann wollen Sie den Plan-B umsetzen?
   a. Für den Notfall parat haben
   b. In den nächsten 12 Monaten
   c. Bis zum Notfall jährlich ein paar Monate im Ausland
   d. Sofort
   e. Andere Pläne

3. Wohin würden Sie gehen oder auf keinen Fall gehen?
   a. Muss mit Auto erreichbar sein
   b. Muss in EU sein (z. B wegen Arbeitsverhältnis)
   c. Soll außerhalb EU sein
   d. Soll BRICS Land sein
   e. Andere Präferenzen

4. Wer kommt mit bzw. soll in die Schutzmaßnahmen eingeschlossen werden?
   a. Allein
   b. Frau und Kinder
   c. Geschwister
   d. Eltern (Großeltern)
   e. Freunde

5. Wie viel Budget haben Sie für Planung und Umsetzung?
   a. Zweiter Pass ab 130.000 €
   b. Permanente Visa z.B. Einkommensnachweis 4 Monate
   c. Wohnung Mieten für Wohnsitz und Visa ab 300 €/ Monat

Ergänzen Sie die Liste und priorisieren Sie die Antworten unter den Fragen. Was ist Ihnen am wichtigsten? Streichen Sie, was für Sie keine Rolle spielt.

Je nach Beantwortung der 5W-Fragen fallen viele Optionen aus Ihrer Entscheidungsmatrix und andere kristallisieren sich als Lösungsweg heraus. Wenn Sie zum Beispiel weder bereit sind, zwei Jahre in einem Land – sagen wir mal Argentinien oder der Dominikanischen Republik – zu wohnen und auch kein Budget von 130.000 € für einen Plan-B ausgeben möchten, kommt ein zweiter Pass nicht als Bestandteil Ihres Plan-B Projekts in Betracht.

Mit einem oder mehreren Golden Visa erreichen Sie in Bezug auf Reisefreiheit aber ähnlich starke Werkzeuge für Ihren Plan-B.

Abgrenzung Zweit-Pass zum Golden Visa Pers Au

	Zweitpass	Golden Visa
Reisefreiheit	😀😀😀	😀🤔🤔
Wehrpflicht umgehen in Deutschland	😀😀😀 Bei Verzicht auf deutsche Staatsbürgerschaft & Aufenthalt mit Zweitpass und Dauervisa	😡😡😡
Zwangs-Rückkehr nach Deutschland im Spannungsfall / Verteidigungsfall vermeiden	😀😀😀 Wenn man "nicht" als Deutscher in Drittland eingereist ist.	😀🤔😱 Nicht sicher, wenn Pa abläuft / evtl. sicher m Card
Besteuerung nach	Bei Verzicht auf deutsche	😡😡😡

Abgrenzung Zweit-Pass und Golden Visa

Quelle: Perspektive Ausland

Einige Golden Visa bzw. permanente Visa können Sie allein durch den Nachweis von Vermögen oder Einkommen erhalten. Zum Beispiel ist dies in Südafrika oder Mexiko möglich. Andere Länder verlangen nur eine geringe Investition von weniger als 100.000 € für ein lebenslanges Visum, wie beispielsweise Malaysia, die Philippinen oder Thailand. Damit schaffen Sie sich einen guten Plan B und erhöhen Ihre Freiheit in Bezug auf Ausreise, Einreise und Vermögensschutz. Beachten Sie jedoch gleichzeitig die steuerlichen Konsequenzen bei der Wahl des passenden Plan-B-Landes. Bei einem längeren Aufenthalt von mehr als 183 Tagen in einem solchen Refugium könnten Sie steuerpflichtig werden. Eine vollständige Liste möglicher permanenter Visa finden Sie auf der Website https://planbProjekt.com.

planbProjekt.com

perspektiveausland.com

Umsetzung Ihres Plan-B

Wichtig ist, ins Handeln und zur Umsetzung zu kommen. Beginnen Sie heute. Besser kleine Schritte und kontinuierlich am Plan-B arbeiten, als später unter Druck und Panik Entscheidungen zu treffen.

Sprechen Sie heute oder am Wochenende mit Ihrer Familie über die 5W-Fragen. Nutzen Sie die Möglichkeit eines Beratungsgesprächs oder vernetzen Sie sich mit Gleichgesinnten. Die Live-Events oder Plan-B Reisen von Perspektive Ausland sind eine hervorragende Möglichkeit hierzu (https://www.perspektiveausland.com/events).

Hier noch ein paar Anmerkungen aus mehr als 200 Plan-B Beratungsgesprächen der letzten zwei Jahre.

Schulpflichtige Kinder

Kann man mit schulpflichtigen Kindern auswandern? Ja, kann man. In vielen Fällen erzählen uns Mandanten im Nachhinein, dass sich ihre Kinder viel besser entwickelt haben, schneller Freunde fanden und vor allem das Schulsystem im Ausland viel besser sei als in Deutschland. In den meisten Ländern gibt es internationale und manchmal sogar deutsche Schulen. Bei internationalen Schulen sollte man monatliche Kosten zwischen 500 und 1.000 € pro Kind einplanen. Auf der Insel Sansibar in Tansania (mein persönlicher Favorit als Plan-B) kann man die Kinder schon für 250 € monatliches Schulgeld auf eine internationale Schule gehen lassen.

Außerdem gibt es die Wilhelm von Humboldt Online Privatschule. Hier kann man online den deutschen Schulabschluss bis zum Gymnasium absolvieren. Meine Schwester ist mit ihren drei Kindern (7, 12 und 13) ausgewandert und alle Kinder haben sich prächtig entwickelt. Nach wenigen Monaten sprachen sie hervorragend englisch und gingen zusammen mit ukrainischen, russischen und anderen Kindern in eine Klasse einer internationalen Schule nach britischem Schulsystem. Den Kindern muss man die Welt nicht erklären, sie machen sich ihr eigenes Bild. Freilich gibt es keine Garantie, dass dies bei jedem Kind und in jedem Land so funktioniert. Es ist gut, sich vorher über Möglichkeiten in Zielländern zu informieren und vielleicht heute schon mal dort zu schauen, wie das Schulsystem ist.

Pass & Refugium – Budget

Ein zweiter Pass wird meist noch mit einem Golden Visa aufgewertet für ein Refugium, also ein Plan-B-Land, in dem man dann auch wirklich in einer Spannungs- oder Krisensituation mit seiner Familie wohnen wird. Ein ideales Land, um ein permanentes Visum zu erhalten (das man entweder in den deutschen oder den neuen Zweitpass eintragen kann) ist Mexiko.

Wenn man ein monatliches Einkommen von ca. 6.700 € monatlich oder einen Kontostand von 266.000 € nachweisen kann, kann man direkt ein dauerhaftes unbefristetes Visum erhalten. Bei einem Einkommen von 4.000 € monatlich oder einem Kontostand von 68.000 € bekommt man direkt ein 4 Jahres Visum, das nach 4 Jahren auch in ein permanentes Visum verlängert wird.

Weitere interessante Programme: Philippines FIV Permanent Residency,[100] Malaysia My Second Home[101] und FUMBA TOWN – Das Deutsche Stadtprojekt auf Sansibar.[102]

Dokumente rechtzeitig beschaffen

Um einen zweiten Pass oder ein Golden Visa bzw. permanente Aufenthaltsgenehmigung zu beantragen, braucht man eine Reihe von Dokumenten im Original und beglaubigte Kopien. Auch der Reisepass sollte noch möglichst lange gültig sein. Denn meist sind permanente oder auch längerfristige Aufenthalte ja an die Gültigkeit des Reisepasses gekoppelt (viele Golden Visa erhält man als Aufkleber oder Stempel in den Reisepass) und müssen dann wieder erneuert werden. In der Pandemiezeit waren viele Botschaften und Konsulate geschlossen. Und wenn im Spannungsfall die Wehrpflicht wieder eingesetzt wird, stellt eine Botschaft im Auswanderungsland einem Wehrpflichtigen anstelle eines Reisepasses möglicherweise nur noch Reisepapiere für die Heimreise aus.

philippinesfiv.com

mm2h.co

fumbatown.agency

Tipp: Wenn Ihr Reisepass weniger als 5 Jahre gültig ist, besorgen Sie sich jetzt einen neuen Reisepass. Prüfen Sie dies für alle Familienmitglieder. Je länger der Reisepass gültig ist, desto besser.

Auswahl geeigneter Zielländer

Bei der Auswahl von möglichen Ländern als Plan-B-Wohnsitz muss man natürlich Vieles berücksichtigen. Braucht jemand in der Familie eine spezielle medizinische Versorgung? Vor kurzem

100 https://philippinesfiv.com/

101 https://mm2h.co/

102 https://fumbatown.agency/wohnsitz-and-golden-visa

sprach ich mit einem Mandanten, der einen Herzschrittmacher hat und einen Plan-B-Wohnsitz in der Nähe eines Krankenhauses mit kardiologischer Abteilung gesucht hat.

Die Landessprache spielt auch eine Rolle, wenn man länger bleiben will. Kommt man im Plan-B-Land mit Englisch gut zurecht? Lässt sich die Landessprache leicht erlernen? Viele Mandanten, die in lateinamerikanischen Ländern ausgewandert sind, haben sehr schnell Spanisch oder Portugiesisch gelernt. Wer sich damit schwertut, kann im südamerikanischen Belize wohnen, in dem die Amtssprache Englisch ist.

Ein wichtiger Faktor ist die Zeitzone, vor allem wenn Sie aus dem Plan-B-Land heraus über Internet und Telefon Ihren Job weiter ausüben wollen. In Südafrika, Mauritius oder Tansania/Sansibar haben Sie nur eine Stunde Zeitverschiebung und so gute Bedingungen, Kontakt zu Kunden und Familie zu pflegen.

Afrika das Herz der Welt?

Während das BIP in vielen westlichen Ländern sinkt, hat eine Reihe afrikanischer Länder ein enormes Wachstumspotenzial. Außerdem kann man sich dort sehr gesund ernähren und das zu niedrigen Lebenskosten. Wir haben uns mit Mandanten auf zwei Reisen vor Ort das Land Tansania bzw. die dazugehörige Insel Sansibar angesehen. Die Insel hat 21 internationale Direktflüge und bietet hervorragende Anreize für Personen, die einen Plan-B-Wohnsitz suchen. Einmal erhält man für eine Investition in eine Wohnung oder ein Haus ab nur 91.000 € ein lebenslanges Wohnrecht und kann vier Kinder bis zu einem Alter von 20 Jahren einschließen. Pensionäre ab 55 Jahren können auch ein Visum erhalten, wenn sie eine Rente, Pension oder andere passive Einkünfte ab ca. 1.000 € monatlich nachweisen. Die Lebenskosten sind niedrig und das deutsche Stadtprojekt Fumba Town bietet deutsche Bau- und Wohnqualität in einer sehr angenehmen Gemeinschaft von aufgeschlossenen Menschen aus mehr als 70 Nationen.

Starten Sie heute Ihre Reise zu mehr Sicherheit und Freiheit

In den vorangegangenen Absätzen haben Sie eine Vielzahl von Möglichkeiten und Strategien kennengelernt, wie Sie einen Plan-B für sich und Ihre Familie entwickeln können. Von der Eröffnung von Bankkonten im Ausland und der Erlangung einer zweiten Staatsbürgerschaft, über die Beantragung eines Golden Visa bis hin zur Diversifizierung Ihres Vermögens außerhalb der EU – all diese Maßnahmen können Ihnen helfen, in unsicheren Zeiten Sicherheit und Handlungsfreiheit zu gewinnen. Ebenso haben Sie gelernt, wie Sie ein passendes Land als Refugium auswählen, vorbereiten und dort eine Wohnung oder ein Haus kaufen oder mieten können.

Ein zentraler Bestandteil des Planungsprozesses waren die 5W-Fragen: Warum wollen Sie auswandern? Wohin wollen Sie gehen? Wer kommt mit? Wann wollen Sie auswandern? Wie viel Budget haben Sie? Diese Fragen helfen Ihnen, Ihre eigenen Bedürfnisse und Ziele zu analysieren und fundierte Entscheidungen zu treffen.

Nun, da Sie mit diesen Informationen und Werkzeugen ausgestattet sind, ist es an der Zeit, den ersten Schritt zu machen. Der Weg zu einem erfolgreichen Plan-B beginnt mit kleinen, kontinuierlichen Schritten. Jeder Schritt, den Sie heute unternehmen, bringen Sie näher an Ihr Ziel und erhöhen Ihre Sicherheit und Freiheit.

Stellen Sie sich vor, Sie pflanzen einen Baum. Sie beginnen mit einem kleinen Samen und geben ihm jeden Tag ein wenig Wasser und Pflege. Es mag anfangs langsam erscheinen, aber mit jedem Tag wächst Ihr Baum und wird stärker. Genauso ist es mit Ihrem Plan-B. Jeder kleine Schritt, den Sie machen, sei es die Eröffnung eines Bankkontos im Ausland oder die Recherche nach geeigneten Ländern für eine zweite Staatsbürgerschaft, ist wie ein Schluck Wasser für Ihren Baum der Sicherheit.

Es ist wichtig, kontinuierlich an Ihrem Plan zu arbeiten. Setzen Sie realistische Ziele und überprüfen Sie regelmäßig Ihren Fortschritt. Lassen Sie sich nicht entmutigen, wenn es Rückschläge gibt – jeder Schritt, den Sie unternehmen, bringt Sie weiter voran. Denken Sie daran, dass ein gut durchdachter Plan-B keine kurzfristige Lösung ist, sondern eine langfristige Strategie, die sorgfältige Planung und Vorbereitung erfordert.

Beginnen Sie noch heute. Machen Sie den ersten kleinen Schritt und setzen Sie sich ein Ziel. Vielleicht ist es, ein Beratungsgespräch zu vereinbaren oder Informationen über ein Golden Visa-Programm zu sammeln. Oder Sie eröffnen heute Ihr erstes oder ein weiteres Auslands-Bankkonto. Was auch immer es ist, handeln Sie jetzt. Ihre Zukunft und die Ihrer Familie hängen davon ab.

Denken Sie daran: Ein Plan-B ist nicht nur eine Absicherung, sondern auch eine Möglichkeit, Ihre Freiheit und Unabhängigkeit zu bewahren. Er bietet Ihnen die Sicherheit, in einer unsicheren Welt handlungsfähig zu bleiben und die Kontrolle über Ihr Leben zu behalten. Machen Sie den ersten Schritt und beginnen Sie die Reise zu Ihrem persönlichen Plan-B – einer Reise, die Ihnen und Ihrer Familie eine bessere und sicherere Zukunft bieten kann.

Hier der Link zur Plan-B-Beratung:

https://planbprojekt.com/beratung

Richten Sie Herrn Taborek einen lieben Gruß von Markus Dan aus und fragen Sie nach Ihren Spezialkonditionen.

planbProjekt.com

Gefahr Nr. 20 –
Wissen, aber nichts tun

Christopher Kolumbus zu Ehren wurde nach der erfolgreichen „Entdeckung" Amerikas ein Festessen gegeben. Die Gäste unterhielten sich, es wurde gegessen, getrunken und gelacht und zu fortgeschrittener Stunde meinte einer der Adligen, dass die Entdeckung eigentlich gar nicht so schwer war. Jeder hätte es machen können. Man hätte nur lange genug in eine Richtung fahren müssen.

Columbus schmunzelte und bat daraufhin die Anwesenden, bei einem kleinen Versuch mitzumachen. Er nahm ein Ei, hielt es in die Luft und sagte zu allen Anwesenden: „Versuchen Sie bitte, dieses Ei aufrecht hinzustellen, und zwar auf der Spitze, so, dass es nicht umfällt." Die Gäste versuchten es einige Minuten lang, doch es wollte niemandem gelingen. Das Ei kullerte in alle Richtungen über die Tische, blieb jedoch nicht aufrecht stehen.

Irgendwann einmal meinten die Gäste, Kolumbus solle es Ihnen zeigen. Dieser nahm das Ei und klopfte es sanft mit der Spitze gegen den Tisch, gerade soviel, dass das Ei leicht eingedellt war und durch die entstandene Delle aufrecht stehen konnte. Ein leichtes Schmunzeln ging durch die Menge und derselbe Schlaumeier von vorhin meinte: „Das ist ja einfach, … das hätte ja jeder machen können."

Kolumbus antwortete: „**Korrekt, mein Herr! Es ist leicht und JEDER hätte es tun können. Aber ICH habe es getan.**"

Und dasselbe gilt für dieses Buch. Sie werden sich bei der einen oder anderen Gefahr oder bei der einen oder anderen Lösung denken: „Ja, ja, das kenne ich schon …" Aber es ist nicht die Frage, ob Sie es kennen. Die Frage ist, ob Sie es tun.

Das Konzept der Beratungsresistenz

Ich war über 20 Jahre lang im Lehrwesen tätig. Ich hatte eine Kampfkunstschule, ich habe als Coach und Berater Unternehmen und Privatpersonen dabei geholfen, Ihre Ziele zu erreichen.

In dieser Zeit habe ich viel über Menschen gelernt und bin auf etwas gestoßen, das in der Fachwelt als **Beratungsresistenz** bezeichnet wird. Es ist die Unfähigkeit oder der Widerwille, Ratschläge anzunehmen. Sie kennen es am ehesten von pubertierenden Teenagern. Sie wissen alles immer besser. Das Problem ist, dass vor allem Menschen, die überdurchschnittlich intelligent sind, dieselbe Beratungsresistenz zeigen wie Teenager.

Man unterliegt damit jedoch einem großen Gedankenfehler. Denn nur, weil man etwa ein Weltklasse-Chirurg ist, bedeutet es nicht, dass man damit auch gleichzeitig ein Weltklasse-Aktienprofi ist.

Anerkennung der Expertise

Ein weiteres wichtiges Konzept, welches ich mit den Jahren kennengelernt habe, ist die „Anerkennung der Expertise". Ich erwähnte es bereits, ich hatte jahrelang eine eigene Kampfkunstschule und einen sehr fähigen Kampfkunst-Meister, Perry Zmugg.

Wenn Perry etwas über Kampfkunst zeigte, war sein Wort Gesetz. Es gab da nicht viel zu diskutieren. Er hatte in diesem Bereich alle Autorität der Welt und auch die notwendige Erfahrung, seine Argumente auch mit seinem Wissen (und Fäusten) zu untermauern.

Wenn Perry etwas über Hausbau oder Aktien erzählte, hörte ich aufmerksam zu und nickte freundlich … nahm die Information jedoch mit großer Vorsicht auf.

Wenn es um Kampfkunst geht, ist Perry die Autorität Nummer Eins! Bei Aktien nicht so. Dies nennt sich Anerkennung der Expertise. Über 20 Jahre Wissen und Erfahrung stehen Ihnen in diesem Buch zur Verfügung. Wir haben dafür eine Menge Geld für Steuerberater ausgegeben, haben eine Menge Drinks für Menschen spendiert und mit erfolgreichen Unternehmern und Insidern gesprochen. Ich habe mich autodidaktisch immer weiter in die Materie eingearbeitet, mich selbst schlau gemacht. Es ging dabei immer um mein Geld. Um meine Familie. Meine Zukunft. Ich habe immer die Verantwortung für meine Finanzen und meine Werte übernommen.

Ich war immer Pro-AKTIV.

Das Gleiche gilt für Sie und dem Umgang mit diesem Buch. Wenn Sie das Wissen, was ich Ihnen hier zur Verfügung stelle, nicht umsetzen, ist es wertlos.

Man sagt „Wissen ist Macht“. Wenn das wahr wäre, wäre jeder Mensch mit einem Internetzugang mächtig, denn damit hat man den Zugang zu praktisch allem Wissen der Welt.

Aber dem ist nicht so. Warum? Weil ZU VIEL WISSEN vom Wesentlichen ablenkt! Das ist das Problem des Internets! Wenn Sie nicht wissen, WONACH Sie suchen sollen, sind Sie verloren. Ich habe Ihnen in den vorangegangenen Kapiteln die 19 größten Gefahren für Ihr Vermögen vorgestellt. Um diesen Gefahren auszuweichen ergeben sich zwangsläufig notwendige Handlungen. Es ist jetzt an Ihnen ins Handeln zu kommen.

Das Zauberwort heißt: **TUN - Tag Und Nacht**.

Es gilt das Prinzip von Ursache und Wirkung. Nur dann geschieht etwas. Nur so wird etwas umgesetzt. So wird Ihr Vermögen gesichert und in einer Krise gerettet.

Dan Kennedy, ein Marketing-Guru aus den USA, hat einmal gesagt, dass die am schwersten zu verkaufenden Dinge jene sind, die etwas mit „Vorsorge" zu tun haben. Also Dinge, die für uns gut und wichtig sind, aber in ferner Zukunft „vielleicht einmal" passieren werden.

Sei es eine Risikoversicherung, sei es täglicher Sport, gesundes Essen, Nahrungsergänzungsmittel oder Ähnliches. Alles, was in der Zukunft ist und „vielleicht mal eines Tages" eintreten kann (vor allem wenn es einen nicht sofort betrifft, also wenn man jung und fit ist) … ist es sehr schwer zu verkaufen. Warum? Weil wir Menschen zwar rational WISSEN, dass wir es tun SOLLTEN, aber emotional den leichteren und angenehmeren Weg wählen. Dieser ist nun einmal nichts zu tun. Nicht ins Fitnesscenter zu gehen. Nicht mit dem Rauchen aufzuhören. Weiter ungesundes (aber leckeres) Essen zu essen.

Es hat mit unserem Unterbewusstsein zu tun. Dieses hat eine große Aufgabe: Uns am Leben zu erhalten. Darum wehrt es sich gegen Veränderung. „Hey, Rauchen hat mich bis jetzt nicht getötet, warum sollte es das in Zukunft tun?", so argumentiert das Unterbewusstsein,

„Hey, ich bin jung und fit, der Hamburger schmeckt super, die Cola dazu auch, was soll mir das anhaben?"

Weil es uns im MOMENT gut geht, weil wir im MOMENT nicht die langfristigen Folgen unseres Handelns spüren, glauben wir, dass es ewig so weitergehen wird.

Das wird es aber nicht. Und irgendwann einmal erkennen wir das auch. Nur oft ist es dann zu spät. Dasselbe gilt für Ihr Geld, für Ihr Vermögen. Nur weil im Moment alles gut ist, nur weil im Moment alles fein und sicher scheint, … glauben wir, dass es ewig so weitergehen wird. Aber das wird es nicht.

Es gibt keine Sicherheit. Das einzig Sichere ist die Unsicherheit. Aber jetzt haben Sie zumindest einen kleinen Plan. Sie wissen, was passieren kann und was Sie dagegen unternehmen können.

Und noch einmal, das Zauberwort heißt: **TUN. Tag Und Nacht.**

Ressourcen

Sie können das Wissen, das Sie in diesem Buch erhalten haben, in die Praxis umsetzen, um es wertvoll zu machen. Ich habe zu jeder Gefahr konkrete Tipps und Handlungsaufforderungen gegeben. Aber ich kann es nicht für Sie tun. Es liegt in Ihrer Hand. Sie müssen aktiv werden.

Fazit

Ein Gramm Praxis ist mehr wert als eine Tonne Theorie. Lesen Sie dieses Buch noch einmal. Machen Sie sich diesmal Notizen. Sollten Sie dieses Buch als Kindle oder PDF erworben haben, drucken Sie es aus. Das ist es wert. Jedes einzelne Blatt. Erstellen Sie Ihren eigenen Handlungsplan. Was wollen Sie wie, mit wem, bis wann umsetzen? Ich habe Ihnen dafür eine Vorlage gemacht. Sie finden diese im Ressourcenteil[103].

Aber nochmal, Sie müssen es tun. Sie selbst sind für Ihr Vermögen verantwortlich. Es liegt in Ihrer Verantwortung es aufzubauen und es zu sichern, um es zu behalten. In diesem Sinne: Legen wir los!

Ihr Markus Dan

---

103 https://markusdan.com/gefahren-ressourcen

WEBINAR: DIE GRÖSSTEN GEFAHREN FÜR IHR VERMÖGEN
... und wie Sie sich dagegen schützen.
Die ideale Ergänzung zu diesem Buch!
Erfahren Sie gemeinsam mit Finanzprofi Alexander Streeb in unserem exklusiven Webinar, welche versteckten Gefahren Ihr Vermögen bedrohen – und wie Sie sich effektiv absichern.
Melden Sie sich jetzt hier an:

Über den Autor

YouTube

X (Twitter)

Telegram

Länger Leben

Markus Dan, geboren 1970, ist seit 2003 Unternehmer und ein Pionier auf dem Gebiet der Hochpreisstrategien. 2008 brachte er sein Profitmaximierungs-System auf den deutschen Markt und entwickelte das „Unendlichkeits-Prinzip", das Unternehmen hilft, langfristig und nachhaltig erfolgreich zu sein.

Im selben Jahr verließ er Europa und ließ sich nach Jahren des Reisens mit seiner Familie in Malaysia nieder. Ausschlaggebend für diese Entscheidung waren neben dem ganzjährig warmen Klima und dem Leben am Meer auch steuerliche Vorteile.

In den letzten Jahren hat sich sein Fokus zunehmend auf Nachhaltigkeit und ein gesundes, langes Leben verlagert. Besonders das Thema „Lebensverlängerung" beschäftigt ihn seit über einem Jahrzehnt. Gleichzeitig verfolgt er mit wachsender Sorge die politisch-wirtschaftliche Entwicklung in Europa, die er regelmäßig in YouTube-Gastbeiträgen kommentiert.

Folgen Sie ihm auf seinen sozialen Kanälen:

https://www.youtube.com/@MarkusDan
https://x.com/RealMarkusDan
https://t.me/MarkusDanIntern

P.S.: Besuchen Sie sein Webinar „Länger Leben", in dem er über 10 Jahre Wissen zu einem längeren und gesünderen Leben teilt – basierend auf den neuesten wissenschaftlichen Erkenntnissen: https://www.markusdan.com/LaengerLeben

WEBINAR: INVESTMENT
FARBEDELSTEINE
Die geheime Zutat für Ihr
sicheres Portfolio
Anonymität, Diversifikation, Sicherheit …
und viele weitere Gründe, warum Edelsteine
im Fokus der Top-Anleger stehen.
Eine ideale Portfolio-Ergänzung.
Mehr dazu im Online-Vortrag:

DIE EVERLIFE-FORMEL
Die neuesten, bahnbrechenden Erkenntnisse der Altersforschung und Lebensverlängerung, um – wissenschaftlich belegt – weit länger, gesünder und vitaler zu leben.
Melden Sie sich jetzt hier gratis an: